El libro de los brindis y discursos

swing ÚLTIMOS TÍTULOS PUBLICADOS:

SINGLE STORY. 1001 noches sin sexo, *Suzanne Schlosberg*
AUNQUE TENGA MIEDO, HÁGALO IGUAL, *Susan Jeffers*
LA OTRA HISTORIA DE JESÚS, *Fida M. Hassnain*
LA ADIVINA DE ROMA, *Steven Saylor*
EL ARTE DEL MASAJE SENSUAL, *Dr. Andrew Yorke*
LOS GRANDES MISTERIOS DE LA HISTORIA, *Massimo Polidoro*
LA CONJURA BORGIA, *Fabio Pittorru*
LOS NOMBRES, *Emilio Salas*
PENSAMIENTO POSITIVO, *Vera Peiffer*
REGRESO A LA HABANA, *Jordi Sierra i Fabra*
FIDEL CASTRO, *Clive Foss*
LOS CHISTES DE CELTIBERIA, *Lucio Cañete*
EL DIARIO DE ELSA
EL LEGADO TEMPLARIO, *Juan G. Atienza*
LA FARMACÉUTICA, *Esparbec*
INTERPRETA TUS SUEÑOS, *Y. Soliah*
LA REBELIÓN DE GAIA, *Jorge Blaschke*
LO QUE EINSTEIN LE CONTÓ A SU BARBERO, *Robert L. Wolke*
MISTERIO EN LA TORRE EIFFEL, *Claude Izner*
LOS ERRORES DE LA HISTORIA, *Roger Rössing*
CÓMO MEJORAR TU VIDA SEXUAL, *Rachel Copelan*
EL ARTE DE SER MUJER, *Alicia Gallotti*
LA TENTACIÓN DEL TEMPLARIO, *Mary Reed McCall*
APRENDA A CONOCER LOS VINOS, *Victor André*
LOS MEJORES CHISTES CORTOS, *Samuel Red*
EL CURSO, *Juliet Hastings*
HISTORIAS CURIOSAS DE LA CIENCIA, *Cyril Aydon*
ASESINATO EN EL CEMENTERIO, *Claude Izner*
ENCICLOPEDIA DE LOS MITOS, *Nadia Julien*
ÁNGELES, *Malcolm Godwin*
LO QUE OCULTA LA HISTORIA, *Ed Rayner y Ron Stapley*
LOS PECADOS DEL PLACER, *Mary Reed McCall*
LAS CLAVES DE EL SECRETO, *Daniel Sévigny*
EL APÓSTOL DE SATÁN, *Dan Chartier*
SÉ POSITIVA, *Sue Patton Thoele*
EL SECRETO DE LOS NÚMEROS, *André Jouette*
ENCICLOPEDIA DE LOS SÍMBOLOS, *Udo Becker*
CORAZÓN VENGADOR , *Tracy Cooper-Posey*
EL LIBRO NEGRO DE LA HISTORIA DE ESPAÑA, *Jesús Ávila Granados*
EL ARTE DELPLACER SEXUAL, *Barbara Keesling*
NUEVOS MISTERIOS DE LA HISTORIA, *Spencer Carter*
¿QUÉ SIGNIFICAN TUS SUEÑOS?, *Marcus Salomon*
EL ARTE DE TIRAR EL TAROT, *Vanesa Bell*

El libro de los brindis y discursos

Julia Ferrer

swing

Diseño de cubierta: Regina Richling

Fotografía de cubierta: © iStockphoto / Reuben Schulz

Diseño interior: DH contenidos y servicios editoriales

Ilustraciones de interior: ©iStockphoto/A_Digit/kaisphoto/TheresaTibbetts/Albert-Smirnov/miteman/bonniej/A_Digit/FlyFast+Stainless/bubaone/Msats+Stainless/Kirstypargeter/fajean/Ace_Create/TrapdoorMedia/AdrianHillman/art12321/mamma-maart/A_Digit/mikosca/Actomic/Model_la/MrPlumo/hypergon/Stainless.iScriptat design.iSeMB-MBeLEiCB.

ISBN: 978-84-96746-50-3

Depósito legal: B-31.477-2010

Impreso por Litografía Rosés, S.A. – Energía, 11-27
08850 Gavà (Barcelona)

Impreso en España - *Printed in Spain*

Índice

Prólogo

Este libro es para todos aquellos que tienen que hacer un discurso en público. Pocas personas se encuentran cómodas ante esta situación, y agradecen unos pequeños consejos o ejemplos para elaborar o mejorar su oratoria.

El presente volumen se centra en discursos y brindis para ocasiones familiares o de carácter informal y amistoso. Los expertos en comunicación y asesores de imagen saben muy bien que cada tipo de público es diferente y que no es lo mismo hacerse entender por una audiencia conocida que intentar convencer a personas ajenas a nuestro entorno; como tampoco lo es expresarse en una reunión profesional que en una celebración de carácter personal. Aun así, el hecho de hablar a un público familiar no implica que no se sea exigente con lo que se va a decir y cómo. Bodas, funerales o grandes aniversarios y otras reuniones familiares son momentos solemnes y de importancia vital. En circunstancias como ésas, no es de extrañar que queramos dirigir unas palabras a los seres que más apreciamos.

Como licenciada en Ciencias de la Información, periodista, editora y profesional de la comunicación, a lo largo de los últimos diez años he asistido y organizado numerosos eventos, ferias, textos, libros, presentaciones y discursos. Aún hoy en día me sorprende lo nerviosa que se puede poner la gente, cometiendo errores básicos pero importantes. Sin embargo, las claves del éxito son siempre las mismas: conocer los protocolos y las normas de comunicación para cada tipo de reunión, preparar la intervención y confiar en uno mismo.

Este libro le brinda la oportunidad de aprender a hablar en público, escribir sus discursos y enfrentarse a la audiencia. También encontrará información sobre todo tipo de ocasiones: enlaces, bautizos, comuniones, confirmaciones, puestas de largo, fiestas de compromiso, despedidas de soltero, aniversarios, reencuentros, navidades, fin de año, despedidas o funerales. Cada evento tiene su propio capítulo, en el que se incluyen breves consejos de protocolo, vestuario y comportamiento, y una gran variedad de ejemplos de discursos. Además, incluye una selección de refranes, proverbios y citas de grandes personajes de la historia que pueden amenizar o inspirar su oratoria.

En definitiva, si tiene que hablar en público y no sabe cómo afrontarlo, si busca ayuda o inspiración, este libro será una gran ayuda.

1. Claves para hablar en público

Si tiene algo que decir a los demás, hágalo. Y hágalo tan bien como pueda. Es mucho más fácil de lo que parece. Todo el mundo con algo de preparación, y quizás de ayuda, puede lograr el éxito ante una audiencia, sea numerosa o reducida. Los grandes discursos de la historia no fueron fortuitos; tampoco los parlamentos de los políticos o los actores que vemos por la televisión son fruto de la improvisación, por muy espontáneos que parezcan. No tenga miedo; si ellos pudieron, usted también. Evidentemente no es lo mismo dirigirse a la nación o a un estadio lleno de gente que a un grupo de amigos y familiares, ni tiene sentido compararse con grandes estadistas o líderes de opinión. Sin embargo, la base es la misma. Si va bien preparado, el éxito está asegurado.

Confíe en usted mismo

En los momentos importantes de la vida muchas personas tienen el deseo de dirigirse a los demás para expresar sus sentimientos de amor, agradecimiento, amistad, alegría, etc. A veces, son las escogidas para dirigirse a los asistentes de una celebración, como es el caso, por ejemplo, de los padrinos de boda. Sin embargo, aunque les gustaría hacerlo, algunas de estas personas callan o rehúsan el ofrecimiento. ¿Por qué? Los motivos pueden ser muy variados, incluso complejos, pero por decirlo de una forma simple: no saben cómo actuar y temen el fracaso. Pero, si saben lo que quieren decir, identifican sus miedos y aprenden las técnicas necesarias para vencerlos, su disertación puede ser un éxito. Precisamente, este libro pretende mostrarle las herramientas necesarias para que usted triunfe al construir y declamar su discurso.

La norma básica de un buen discurso es tener una idea clara de lo que se quiere expresar y ser fiel a uno mismo. Actuar de forma forzada y poco sincera no es aconsejable. Lo fundamental en un discurso es que sea creíble. Por ejemplo, si es una persona seria no intente convertirse en la más graciosa, o si sesea no pretenda dejar de hacerlo en ese momento. Está bien intentar divertir y expresarse correctamente, pero sin exagerar. Tenga en cuenta que en las celebraciones familiares y con amigos, la mayoría de los presentes le conocerán y pueden sentirse extrañados ante actitudes forzadas.

Identificar los posibles miedos también es de utilidad. Algunas personas tienen miedo a molestar a los demás, a pesar de que a todos nos gusta que nos dediquen unas bonitas palabras de agradecimiento y estima. Otros se preocupan por su imagen y el qué dirán, sin darse cuenta de que los asistentes ya tienen una idea formada de quién es y es poco probable que la vayan a cambiar. También hay gente que teme no ser comprendida; sin embargo, en un discurso breve, claro y ordenado, no hay pérdida posible, a no ser que la audiencia no entienda nuestro idioma.

> La confianza sirve a las conversaciones más que el ingenio.
> FRANÇOISE DE LA ROCHEFOUCAULD

Confíe en los que le escuchan

Usted puede trabajar su discurso, la dicción e incluso su actitud corporal, pero no puede controlar a los asistentes, esas personas que dejarán de hacer lo que estaban haciendo durante unos instantes para clavar sus ojos en usted y escucharle con atención. Esto puede generar cierta ansiedad o miedo escénico. Si usted ya confía en sí mismo, relájese, no debe temer nada.

Cuando nos reunimos con familiares y amigos es aún más fácil. Normalmente se trata de celebrar un evento que es motivo de satisfacción: una boda, un aniversario, un bautizo... La gente espera pasarlo bien, y con un mínimo de organización es fácil que se cumpla esa expectativa. Es más, aunque se cometa un error (por ejemplo, que la novia tropiece en la iglesia o que la comida llegue tarde) la causa de la reunión prevalece y el espíritu festivo continúa, a veces incluso reforzado.

Si su brindis o discurso es correcto y no se alarga demasiado, no se preocupe, nadie va abuchearle, a lanzarle tomates o a abandonar malhumorado la sala. Al final escuchará esos maravillosos aplausos.

Nada malo puede pasar. ¡Confíe en el éxito y anímese! Si tiene algo que decir a los demás, hágalo. Siga leyendo y verá que es tan fácil como parece.

Preparar el discurso

¿Merece la pena preparar un discurso? Antes de responder, me gustaría contar que en una ocasión asistí a una boda en la que el padre de la novia fue el auténtico protagonista del día, en detrimento de la joven pareja. Precisamente fue por lo mal que preparó, o no preparó, su discurso. Se trataba de una boda a lo grande, con centenares de invitados, algunos de ellos distinguidos. Todo había sido encargado y preparado de forma impecable, pero a la hora de los discursos, los nervios se apoderaron de este buen hombre. Cuando se hizo el silencio y todos los ojos se posaron en él, se levantó arrastrando la silla y haciendo ruido. No supo comprobar si el micrófono funcionaba y, tras ser asistido por una señorita, sus primeras palabras fueron: «Probando, probando, un, dos, tres…», como si se tratara de un concierto de rock al aire libre. Al no ceñirse a una idea o una estructura clara, comenzó a divagar sobre diversos temas, comentando desde su infancia o su matrimonio hasta la relación con su querida abuela. El discurso se hizo largísimo, ya que, además, se hacían pausas para que una traductora lo explicara en inglés a los invitados extranjeros. Más adelante, de alguna manera, debió de darse cuenta de que no había mencionado a los contrayentes, pues volvió a tomar el micrófono al final del convite. Nuevamente se fue por las ramas, pero consiguió felicitar a los novios. Este hombre fue la comidilla del día y la larga noche que siguieron a sus discursos. Es una persona querida y estimada por su familia y por la comunidad, pero aún, de vez en cuando, alguien utiliza el incidente a modo de burla cariñosa.

¿Merece la pena preparar el discurso? Es evidente que sí. Tómese unos días, una semana por lo menos, para elaborarlo y ensayarlo. No se arrepentirá.

¿Qué quiere decir?

El objetivo de todo parlamento público debe ser trasmitir algo a la audiencia. Al orador le impulsa la necesidad de recalcar algo que no puede quedar sin ser dicho, por muy obvio que parezca. Normalmente el núcleo de todo discurso suele ser una idea que se puede condensar en una frase o en pocas palabras. Si el discurso es más complejo puede haber algunas ideas secundarias o más de una idea principal. Deberá dedicar unos momentos, o días, a encontrar esas ideas. Haga una lista identificando las que son realmente imprescindibles y elimine todo lo superficial o accesorio. En este primer paso no busque palabras y explicaciones: vendrán solas más tarde. No se preocupe por cómo se expresa; si es realmente sincero y expone lo que desea, hallará el núcleo de su discurso. Este núcleo será su faro, su guía, el punto que nunca debe perder de vista.

Dijo Sócrates que «todo el mundo es elocuente cuando habla de lo que sabe», y es que cuando se tienen cosas que decir, la charla resulta amena, en especial si se conocen aspectos originales.

Documentación y maduración

Para documentarse, usted puede consultar libros como éste, páginas de Internet o entrevistarse con profesionales y conocidos. De hecho, es lo más recomendable, puesto que las experiencias enriquecen nuestro propio punto de vista y nos aportan matices que de otra manera pasarían desapercibidos. Sin embargo, deberá asimilar esta información y adecuarla o desecharla en función de sus propios principios e ideas. Cuando un discurso está formado por palabras copiadas de otras fuentes, resulta gris y apagado. Notamos que por boca de esa persona «está hablando otro» y nos resulta aburrido. ¿Cuántas veces no dejamos de escuchar cuando alguien simplemente lee el comunicado de un tercero o el fragmento de un texto ya elaborado? Si no atraemos el interés de la audiencia, ¿de qué sirve?

La autenticidad y la credibilidad son imprescindibles. Por lo tanto, junto con la información que nos puedan aportar otros, deberemos buscar experiencias y sentimientos propios. Podemos recurrir a nuestra memoria, pero leer diarios o cartas antiguas, repasar álbumes de fotos o volver a ver películas familiares puede ser de gran ayuda.

Es importante que vaya tomando nota de toda esta información, de manera que no se pierda y quede registrada para su posterior uso. Puede utilizar una libreta, papeles o grabar mensajes de voz. Cuando considere que ya tiene suficiente material, revíselo. Vuelva a poner delante su idea principal o núcleo del discurso y decida qué información sirve a sus objetivos y cuál no. Estructure la información en frases cortas, inferiores a 12 palabras, si puede ser. Utilice un vocabulario comprensible para todo el mundo y fácil de pronunciar. El siguiente paso será ordenar y estructurar su discurso.

> Un libro tiene que ser el hacha que rompa nuestra mar congelada.
>
> FRANZ KAFKA

Las partes: la presentación, el cuerpo y el cierre

Es obvio que todo tiene un principio y un final. En la escuela ya nos enseñaron cómo presentarnos y despedirnos de la gente. Sin embargo, hablar en público en las grandes ocasiones es diferente. Reclamar la atención para que se haga el silencio y que nos dejen hablar es relativamente fácil en las reuniones familiares. La gente espera que se digan unas palabras o se haga un brindis en bodas, comuniones y aniversarios importantes. Ponerse de pie y dar unos golpecitos en una copa suele ser suficiente para captar la atención de los invitados. Más difícil resulta mantener ese interés. No hay cosa peor para el orador que oír murmullos durante su discurso u observar que la gente tose o mira alrededor con cara de despiste.

En la primera parte del discurso, debemos presentarnos a la audiencia y agradecer su atención de forma adecuada. Procuremos no ser muy formales, de modo que no parezca algo estudiado o ensayado; la naturalidad y espontaneidad tienen más encanto. Funciona muy bien comenzar con una narración interesante, ya que todo público siente curiosidad por una buena historia. Puede ser algo ocurrente y sorprendente, o un ejemplo concreto de lo que explicaremos a continuación. De esta manera nos aseguramos de que sigan escuchando y nos entiendan mejor cuando pasemos a observaciones más generales. Si no se tiene mucha práctica, un comienzo más sencillo puede ser plantear una pregunta, citar a alguien famoso o mostrar un objeto singular que nos servirá de bastón para dar nuestros primeros pasos ante el público.

A continuación se suele citar la idea-núcleo explícitamente y se explica con ejemplos o argumentos. Recuerdo una ocasión en la que, siendo becaria, tuve que revisar y volver a redactar un discurso de mi jefa con motivo del 70º aniversario de su padre. Como fundador de la empresa, le habían preparado una gran fiesta sorpresa, que además de ser familiar sustituía a la que no se hizo cuando se jubiló. Mi jefa tenía costumbre de pasarme todos sus comunicados y cartas para que yo los revisara, y cuando leí el borrador me di cuenta de que parecía una biografía cronológica. No había una idea-núcleo, no trasmitía ningún mensaje, sino una batería de sucesos. Me armé de valor para comunicárselo. Cuando ella volvió a leerlo y vio que era así, cambiamos el discurso, enfocándolo en sus sentimientos hacia su padre y lo que había aprendido de él personal y profesionalmente. El día después de la celebración, encontré encima de mi mesa una caja de bombones y una nota de agradecimiento.

El final del discurso es el broche de nuestra intervención, la guinda de nuestro pastel. Esas palabras son las últimas que oyen los invitados y las que probablemente quedarán más marcadas en sus memorias. Por ello es recomendable hacer un breve resumen de lo expuesto o de nuestras intenciones. Además, en las celebraciones familiares se suele acabar con un brindis o invitando a la gente a comer, bailar u otra actividad agradable, cosa que siempre parece bien a los oyentes. Pero, antes, para dejar un buen sabor de boca, los más valientes pueden acabar con un chiste o unas palabras que inviten a la risa;

y los menos atrevidos pueden leer una cita o unos versos a modo de cierre poético.

Evitemos que nuestro discurso sea largo, la audiencia nunca se debe cansar. Es preferible que el público se quede con un poco de hambre y quiera más. Lo ideal es que el principio y el final no estén muy separados y que el discurso nos lleve de forma natural al final a modo de clímax o conclusión.

Elegir el tiempo es ahorrar tiempo.
FRANCIS BACON

Frases para comenzar un discurso

Señoras y señores…

Damas y caballeros…

Queridos familiares y amigos…

Atención por favor…

Hoy nos encontramos aquí para celebrar…

Quisiera empezar esta celebración dirigiendo unas palabras a…

No se me da muy bien hablar en público, pero, ante vuestra insistencia, me temo que tendré que hacerlo…

Es para mí un honor y un placer poder estar hoy aquí.

Cuando conocí a…

Éste es un día muy especial para mí.

Familiares y amigos, empezaré mi breve discurso diciendo unas palabras del memorable artista…

En una ocasión tan importante como ésta no puedo dejar de decir unas palabras…

Esta celebración es la excusa perfecta para reuniros a todos vosotros y poder expresar lo mucho que os quiero.

Frases para proponer un brindis

Por todo esto, propongo que brindemos por la felicidad de…

Para acabar, antes de brindar, me gustaría leer unas palabras de…

¿Todo el mundo tiene una copa? Pues, alcémoslas y brindemos por…

Quisiera proponer un brindis por esta estupenda pareja. ¿Me acompañan?
Señores y señoras, pongámonos todos de pie. Cojan sus copas y brindemos por... ¡Salud!
Muchas gracias a todos por estar aquí. ¡Por vosotros! ¡Chinchín!
Brindemos por... ¡Enhorabuena y sed muy felices!
Y ahora, después de estas breves palabras, ha llegado la hora de brindar...

Anotar, memorizar y ensayar

Ya tenemos escrito el discurso. Y ahora ¿qué? ¿Debemos memorizar todo nuestro discurso de cabo a rabo? ¿Llevamos el papel con todo el discurso escrito por si se nos olvida, o utilizamos las típicas tarjetas o cartulinas con notas?

Como ya hemos dicho, la naturalidad y la credibilidad son fundamentales. Lo mejor es tratar de interiorizar el discurso y hacerlo nuestro, de modo que no sea nece-

sario recurrir a una fuente escrita. Para ello habrá que leerlo unas cuantas veces, intentar memorizarlo e incluso ensayarlo en voz alta para ver si lo recordamos.

El presidente y premio Nobel de la Paz Theodore Roosevelt tenía un método similar para elaborar sus famosos discursos. Intentaba reunir la máxima información posible acerca de un tema y resumía sus investigaciones en notas personales con sus propias conclusiones. Luego recogía todas esas notas en un discurso, que dictaba oralmente para que no perdiera frescura y agilidad, revisaba la transcripción del discurso, la modificaba según creía conveniente sobre el papel y la volvía a dictar. A menudo utilizaba una audiencia falsa para declamar su discurso previamente y conocer su opinión, no sobre el contenido, sino sobre si se estaba expresando claramente o no. De esta manera anotaba, memorizaba y ensayaba su mensaje de tal manera que adquiría total seguridad para pronunciarlo el día decisivo.

Aunque son útiles y habituales en reuniones profesionales, personalmente desaconsejo los papeles y tarjetas para los eventos familiares o con amigos, ya que impiden que miremos directamente a la audiencia de forma constante y nuestro mensaje pierde calidez y cercanía. Además, si se llevan como recurso, suelen ser una tentación demasiado irresistible y se acaba recurriendo a ellos. Sin embargo, si el orador se siente muy nervioso puede utilizarlos. En estos casos es normal que se incluyan unas palabras a modo de disculpa, como por ejemplo: «En un momento tan especial como éste la emoción me embarga. He preparado un breve discurso pero no quisiera que los nervios me traicionaran, impidiéndome decir todo lo que siento. Por eso permítanme que les lea unas notas que he traído».

Enfrentarse a la audiencia

Durante los días previos a su discurso, deberá elaborarlo y ensayarlo, pero también prestar atención a otros detalles importantes, como el aspecto personal. Es fundamental conocer qué tipo de evento será el marco de sus palabras (de etiqueta, informal, familiar, etc.) para escoger un atuendo adecuado y, sobre todo, cómodo. En los próximos capítulos daremos unos cuantos consejos de protocolo o etiqueta, pero en caso de duda es preferible adoptar una opción más conservadora.

También cuidará su aspecto físico: el aseo, el peinado o el afeitado deben ser pulidos en las grandes ocasiones. Por muy brillantes que sean sus palabras, quedarán apagadas si su aspecto es desagradable, chocante o desentona con el ambiente. Por el contrario, una buena apariencia cautiva y llama la atención. Los expertos en oratoria incluso recomiendan ponerse en forma y realizar alguna actividad física intensa horas antes de la intervención (salir a correr, un partido de tenis), ya que el ejercicio reduce el estrés.

Confianza y concentración

Requerir la atención y dirigirse a un grupo nutrido puede representar un trauma para algunas personas. Respiración acelerada, músculos en tensión, palpitaciones, sudor frío o mareos suelen ser síntomas frecuentes en estas ocasiones. Sin embargo, lejos de ser sus enemigos, pueden convertirse en sus aliados. Estas respuestas físicas le ayudarán, proporcionándole la energía suficiente para enfrentarse al reto que tiene por delante.

Particularmente siempre aconsejo que el mismo día del discurso no se ensaye, ni siquiera se piense en él. Sencillamente, disfrute de la fiesta y relájese. Si ha estado ensayando y ha seguido los puntos anteriores de este capítulo, el discurso aflorará a sus labios de forma natural en el momento adecuado.

Para ganar en confianza, momentos antes de la intervención, recomiendo una rápida visita a los lavabos a fin de revisar el aspecto (peinado en su sitio, zapatos limpios, dientes relucientes, botones abrochados, corbata bien colocada, cremalleras cerradas, maquillaje impecable…) y evacuar aguas si es necesario. También nos dará seguridad tener a nuestro lado un vaso de agua y un pañuelo, por si nos atragantamos. No es necesario, incluso puede resultar contraproducente, tomar un par de copas o alguna pastilla.

La concentración es también muy importante. Para empezar, olvídese de usted y de los presentes. Si no lo consigue, concéntrese por un instante en un objeto sencillo, como un centro de flores o su vaso de agua. Realice discretamente varias respiraciones profundas y visualice el núcleo de su discurso. Levántese despacio, mire a los presentes con una sonrisa en los labios y… comience a hablar.

El lenguaje corporal y verbal

Es tan importante lo que decimos como la forma en que lo expresamos. Nuestro cuerpo no puede contradecir lo que exponemos, y nuestras palabras deben captar el interés de los que nos escuchan. Para conseguirlo adopte una postura erguida pero cómoda, sin tensiones; sea dinámico, pero no gesticule ni manotee de forma exagerada. Vigile no balancearse como un niño pequeño ni adoptar ningún tic repetitivo, como acariciar constantemente un objeto o frotarse las manos.

Hay muchas personas que evitan mirar a la audiencia para no perder el hilo de su discurso. Sin embargo, el contacto visual es tan fundamental como en una conversación privada. Si no lo hace, se interpretará que tiene miedo o desinterés. Así pues, abarque toda la sala, pero no de golpe, no como un faro que barriera la sala con su haz de luz. Intente hacerlo por zonas o personas. Aunque tenga mucha confianza con una determinada persona, evite refugiarse en ella para sentirse cómodo, pues los demás podrían sentirse desplazados. La mirada permite intensificar la relación orador-audiencia, sobre todo en los momentos de pausa o silencio.

El volumen y la entonación de la voz, la velocidad y las pausas son los elementos clave de todo discurso. No es lo mismo dirigirse a un par de personas o tres que a cien. En grupos numerosos lo natural es subir el volumen y expresarse de forma más contundente para que todos nos oigan y presten atención. Como ocurre en muchas facetas de nuestro lenguaje, esta tendencia es instintiva, pero también una convención universal fuertemente arraigada en el subconsciente; por eso se mantiene, a pesar de la utilización de micrófonos. Sin embargo, hay personas que tienden a hacer entradas demasiado bruscas o en un tono de voz muy alto, para decaer a continuación, extremos que habría que evitar.

La entonación (graves y agudos) y la velocidad (rápida y lenta) de nuestra voz nos brindan la fantástica oportunidad de destacar las palabras o los conceptos más importantes. Solemos pasar rápidamente por los asuntos que no nos interesan y explicar despacio los más importantes. Del mismo modo que la entonación de las preguntas suele atraer el interés, las pausas se reservan para crear expectación antes de decir algo importante o para invitar posteriormente a la reflexión. Es fundamental que en todo discurso haya variedad, para no caer en las cantinelas y la monotonía. Finalmente, sólo nos queda apuntar que deben evitarse las coletillas y expresiones repetitivas como «¿no?», «ejem», «o sea», etc.

Al finalizar el discurso

Una vez realizado su brindis o su discurso, observe de nuevo a la audiencia con tranquilidad. El público suele aplaudir o responder al brindis. Agradézcales el gesto y siéntese o retírese con discreción. No espere a que finalicen los aplausos ni vuelva a levantarse para recibir una nueva ovación como si de un artista se tratara. Según las normas de buen comportamiento tampoco son aconsejables los gestos dramáticos, como llevarse las manos al corazón o hacer comentarios como «no es para tanto» u «os quiero». Tampoco es recomendable preguntar directamente a los presentes su opinión sobre del discurso.

Las claves

- Consiga formarse una idea clara de lo que quiere expresar. Normalmente una o dos frases son el núcleo de todo discurso.
- La autenticidad y la credibilidad son imprescindibles. Sea fiel a sí mismo y exprese sus auténticos sentimientos y experiencias.
- Tómese unos días para elaborar y preparar su discurso.
- Confíe en la audiencia: nadie va abuchearle, a lanzarle tomates o a abandonar malhumorado la sala.
- Pronuncie el discurso con tranquilidad y cuide su aspecto.

2. Bodas y enlaces

Un enlace es un momento importante en la vida de cualquiera, un punto de inflexión en su trayectoria vital. Tradicionalmente una boda significaba el comienzo de una vida conyugal, bajo el mismo techo, de un hombre y una mujer jóvenes, que hasta ese momento vivían en la casa de sus padres o familiares cercanos. El festejo solía comenzar con una ceremonia religiosa o civil para continuar con un ágape o banquete. Más o menos multitudinarias, de gala o más modestas, su duración generalmente oscilaba entre el medio día o el día entero, y la mayoría tenían lugar durante los meses de buen tiempo. Por supuesto también había segundas y terceras nupcias, así como otras particularidades debidas a las circunstancias de sus protagonistas. Hoy en día, además, existen otras variables, ya que la gente se independiza antes de llegar a la vida en pareja, hay más parejas interétnicas, incluso las novias o los novios pueden ser del mismo sexo, etc.

Sin embargo, el núcleo y el sentido de esta fiesta sigue siendo el mismo: el deseo de los contrayentes de celebrar y demostrar públicamente el cariño que se profesan y el compromiso que han adquirido al convivir. Esto es así, ya sea con ceremonia de casamiento o sin ella, por lo civil o por la iglesia, pareja de hecho, matrimonio homosexual o segundas nupcias.

En cualquier caso, es un acontecimiento especial que suele organizarse con antelación. Esto le proporcionará a usted tiempo para madurar su discurso o su brindis. Vale la pena que se reúna con los novios, su familia o sus amigos. Asegúrese de conocer qué tipo de enlace desean para estar en sintonía: religioso, civil, formal, informal… Hágales preguntas sobre sus gustos, qué opinan el uno del otro, qué expectativas tienen en esa relación, cómo se conocieron. Intente no someterles a un interrogatorio, para que las respuestas sean más naturales. Puede hacerlo discretamente, en charlas amistosas a lo largo de los días o las semanas, sin que se den cuenta. Utilice este material

junto con sus propios recuerdos y sensaciones. De esta manera, su discurso será menos predecible y gratamente recibido.

¿Cuándo, cuánto, qué, quién?

Normalmente en estas ocasiones la mayoría de los invitados asisten a una ceremonia previa y al posterior banquete o comida. Las normas de protocolo y etiqueta establecen unos momentos adecuados, un orden en las intervenciones y una duración para los parlamentos. En muchos países occidentales el discurso suele tener lugar al término de la comida, durante los postres, antes de que los novios corten la tarta o de que los camareros sirvan el café y los licores. En cambio, en otros países, africanos, nórdicos o de Extremo Oriente, también suelen pronunciarse unas palabras al principio de la comida, incluso entre platos. Eso sí, es muy importante asegurarse de que todos los invitados están presentes y cómodamente instalados. También es frecuente acabarlos con un brindis, salvo en aquellas culturas y religiones en que no es costumbre celebrar con bebidas.

Respecto a la duración de los parlamentos, de tres a cinco minutos son suficientes. La tentación de dejarse ir es grande: hay muchas cosas que decir a las personas que estimamos. Es imposible dirigirse a todos tal como nos gustaría y se merecen, pero no hay nada peor que ser recordado como «el pesado» de la boda. También es recomendable que los parlamentos sean breves para no prolongar una velada ya de por sí larga.

De forma universal, los discursos y brindis de los enlaces se estructuran entorno a unas pocas palabras de agradecimiento hacia los organizadores y asistentes, así como a las felicitaciones y expresiones de buenos deseos para la pareja protagonista.

Si hay muchas alocuciones, lo correcto es que los oradores se ordenen de menor a mayor importancia, dejando el momento culminante a los novios o a sus padres. En varias culturas existe la figura del maestro de ceremonia, que normalmente está involucrado en la organización del evento y puede coincidir con la de padrino o madrina. En estos casos es frecuente que él o ella se encargue de pedir silencio y dar paso o presentar a los oradores. En las tradiciones latinas suele haber menos discursos y se suceden de forma más espontánea. Un orden correcto y aceptado de forma generalizada es: el padre o la madre de la novia y los del novio, la pareja protagonista y el padrino o madrina. A las mujeres se les suele dar paso primero.

Éstas son, en general, las normas establecidas. Sin embargo, pueden darse otros supuestos. Por ejemplo, en segundas y terceras nupcias, el protagonismo de padres y padrinos suele ser menor. También puede suceder que no haya ágape tras la ceremonia, o que no todos los asistentes estén invitados a ambas cosas, o que se celebren por separado, en días distintos. Entonces, antes de que termine la ceremonia, es norma pronunciar un pequeño discurso de explicación, agradecimiento y buenaventura para los presentes. Si es posible y la iglesia, juzgado o recinto lo permite, se puede instalar lo necesario y servir unas bebidas, incluso un poco de comida, para hacer un brindis de despedida.

Utilizando los consejos explicados en este apartado y la introducción y los recursos que se exponen a continuación, puede usted adaptar su discurso a cualquiera de estas circunstancias.

Las claves

- Infórmese de qué tipo de enlace se trata para adecuar su discurso.
- Los agradecimientos son imprescindibles.
- Entre tres y cinco minutos es suficiente.
- El orden de intervención tradicional es: el padre o la madre de la novia, la pareja protagonista y el padrino o madrina.

Los padres y los padrinos

Probablemente los sentimientos de un padre y una madre hacia sus hijos sustentan la relación más intensa e importante que una persona puede experimentar en su vida. Aunque los hijos dejan de pertenecer a su núcleo familiar para formar uno nuevo, el suyo propio, e independientemente de si han contribuido económicamente o no, se suele honrar a los padres cediéndoles la palabra en primer lugar. Al fin y al cabo, llevan años esperando ese momento y, en gran parte, son los responsables de que los hijos hayan llegado hasta allí.

Si bien en el pasado era costumbre que el padre o cabeza familia hablase en nombre de la madre, hoy en día puede suceder a la inversa o que hablen ambos. Si uno de los contrayentes fuera huérfano, ese parlamento es frecuentemente asumido por otro familiar muy querido.

Si usted es el padre o la madre de uno de los novios, relájese. Tómese este momento como la oportunidad de expresar públicamente a su hijo o hija lo que siente hacia él o ella. Sea honesto y confíe en que los buenos sentimientos nunca fallan. Preséntese al comenzar el discurso; aunque parezca algo obvio, nunca queda mal y es posible que alguno de los presentes no le conozca. Con mentar que es el padre/madre del novio/a es suficiente. No olvide presentar a su pareja si ésta no va a intervenir. Así mismo, tampoco está de más que en algún momento del discurso le dirija una pregunta, algunas palabras o le coja una mano.

El siguiente paso suele ser agradecer las aportaciones y contribuciones que se han hecho a la boda y a la pareja. En esta primera parte del discurso, no hay que olvidar dar las gracias a los invitados por su asistencia, destacando a los que hayan venido de lejos o la presencia de alguna personalidad relevante. Por el contrario, si hay alguna ausencia importante, ya sea por defunción reciente o enfermedad, también es norma mencionarla educadamente.

La segunda parte del discurso suele ser la más emotiva, en la que se expresan los sentimientos. No tema ser sincero y explícito, atrévase a declarar su orgullo y amor. Las flores se marchitarán y los vestidos acabarán en un armario, pero sus palabras serán probablemente el regalo más valioso y duradero, quizás inmortalizadas en una película familiar.

El cuerpo del discurso suele también incluir una anécdota conmovedora o con un poco de humor. Una historia del pasado especial para usted y en la que interviene su hijo o hija. También se añaden unas palabras para el otro novio, como nuevo miembro oficial de su familia.

Ni que decir tiene que debe evitar explicar anécdotas o historias embarazosas, pues, aunque pueden ser muy divertidas, la otra persona se puede sentir molesta y ridiculizada. Tampoco es aconsejable mencionar las anteriores parejas de los novios.

El discurso suele finalizar con algún consejo para la nueva pareja y el deseo de un maravilloso futuro en común. Recuerde mencionar a la madre o padre que no ha intervenido para corroborar que participa en el mensaje. El cierre se realiza proponiendo un brindis para el novio o la novia.

Si usted es el padrino o la madrina de uno de los contrayentes, en vez del padre o la madre, la mayoría de estos consejos también son aplicables en su caso. Aunque el protagonismo de los padrinos es menor que el de los padres, su papel sigue siendo relevante.

Las claves

- No tenga miedo de expresar sus sentimientos hacia la pareja de contrayentes.
- Recordar alguna anécdota y desear un feliz futuro.
- Aunque sean graciosas, no explique historias o anécdotas embarazosas que puedan ofender a terceras personas.
- Para acabar proponga un brindis.

Ejemplo 1

El padre de la novia, en una gran boda.

Buenas tardes a todo el mundo. Este día es muy especial para mi mujer, Ana, y para mí. Ante todo, quisiéramos agradeceros las contribuciones y mensajes de felicidad que nos habéis hecho llegar estos días. También, gracias a todos los que han contribuido en su organización: a mi hija Laura, a mi mujer, Ana, y a su hermana Marta, que llevan meses de duro trabajo preparando todos los detalles de esta hermosa celebración. Todo es maravilloso, muchas gracias.

También quiero mencionar especialmente a mi familia de Asturias y de América y a los primos Marcos y Mari, recién llegados desde Beijing. Espero y deseo que os encontréis confortablemente instalados en el hotel y disfrutéis de este día.

Parece que fue ayer cuando nuestra hija daba sus primeros pasos. Siempre caminaba de puntillas por el jardín, como si supiera que de mayor sería bailarina. Una decisión que respetamos, no sin cierto temor. Hoy no sólo estamos orgullosos de sus éxitos en el escenario sino también de su valor, coraje y bondad como persona. David, hace tiempo que nos conocemos y es para nosotros un honor que formes parte de nuestras vidas. Sabemos que las cosas han cambiado mucho desde que Ana y yo nos casamos, pero la vida en común sigue siendo un gran reto. Hay momentos dulces y amargos. Hoy en día parece difícil encontrar a alguien especial y nuestro consejo es que luchéis por conservar lo que tenéis.

Hija, hijo y todos los presentes, quiero pediros que os levantéis y alcéis la copa para brindar todos juntos por este nuevo camino que se abre ante vosotros. Os deseamos toda la felicidad del mudo. ¡A vuestra salud!

> Todo hombre sabio ama a la esposa que ha elegido.
> HOMERO

Ejemplo 2

El padre de la novia, en una boda con un invitado destacado.

Señoras y señores... Como padre de la novia, hoy soy inmensamente feliz. Para mí es un honor y un placer veros compartiendo un día tan especial con mi hija y su marido David. Muchas gracias por contribuir y asistir a la boda. Me gustaría nombrar especialmente a mi cuñado José Luis Pascual, presidente de Grupo Hotelero, quien nos ha facilitado estas fantásticas instalaciones y venido especialmente desde la capital en esta fecha tan señalada.

(Mirando a la novia.) *Laura, quiero aprovechar la ocasión para decirte lo mucho que te queremos. Estás guapísima, verdaderamente radiante. Cuando has pronunciado el «sí, quiero» me he emocionado. David, ¿qué puedo decir? Nunca pensé que existiera el hombre per-*

fecto para mi hija... pero viendo lo feliz que la haces tengo que decir que estoy encantado de que hayas decidido formar parte de la familia. Sobre todo después de lo mal que te lo hice pasar los primeros meses y la primera vez que os fuisteis de fin de semana. Un poco más y os acompaño, ¿verdad?

En fin, no quiero alargarme demasiado. Sé que formáis una pareja encantadora y que el amor que os tenéis es la mejor garantía para una vida plena en común, que espero disfrutéis durante muchos años.

Señores, señoras, brindemos por los novios. ¡Por Laura y por David!

> El amor es física. El matrimonio química.
>
> ALEJANDRO DUMAS

Ejemplo 3

El padre de la novia, cuando el novio es viudo o divorciado.

Laura, para mí hoy es un gran día. Estás guapísima y te has convertido en una mujer cariñosa, sensata y trabajadora. Hoy es el día de tu boda, un día de ilusión y esperanza. Para David, éste es su segundo matrimonio. Precisamente creo que han sido todas tus maravillosas cualidades las que han hecho que se vuelva a enamorar, a pesar de las dificultades que atravesó hace unos años. Confío que su experiencia sea una ven-

taja y que aún valoréis más el amor que experimentáis el uno por el otro. Espero que, en los años que están por venir, conservéis ese amor y la fuerza y la entrega de este nuevo comienzo.
Ahora propongo que todos llenemos nuestras copas, las cojamos y nos pongamos en pie para brindar por los novios y desearles un feliz futuro. ¡Por Laura y David!

Amar no es solamente querer, es sobre todo comprender.
FRANÇOISE SAGAN

Ejemplo 4

La madre del novio, cuando el padre ha fallecido.

Señoras y señores… el recuerdo de este delicioso y maravilloso día vivirá para siempre en nuestros corazones. Gracias por venir y hacerlo posible. Vuestra presencia y apoyo es muy importante para mí en este día, en que Carlos, mi difunto esposo, está absolutamente presente en mi alma y en mi corazón. Sé que él se hubiera sentido muy orgulloso de su pequeño. Disculpen si me emociono demasiado, pero no puedo evitarlo…
Hijo, cuando me dijiste que te casabas, me hiciste sentir inmensamente feliz y orgullosa. Tengo que confesar que sentí vértigo: ya no eras mi pequeño, sino un hombre hecho y derecho que iba a independizarse y a irse de casa. Sin embargo hoy, al verte como un novio elegan-

te y guapísimo, me he dado cuenta de que no importa la edad que tengas o dónde estés; mal que te pese, siempre serás mi niñito. Ya sabes que, pase lo que pase, cuentas con mi amor incondicional.

Sonia, no he tenido hijas, pero me hubiera gustado que fueran como tú. David te ha escogido para compartir su vida contigo. Yo no habría elegido otra mejor.

Cuando quieres a alguien, lo único que te importa es que sea feliz. Haceros felices mutuamente, cueste lo que cueste, y todo irá bien.

Familia, amigos, alcemos nuestras copas y brindemos por este nuevo matrimonio y una vida larga y llena de amor. ¡Viva los novios!

> El verdadero amor no es otra cosa que el deseo inevitable de ayudar al otro para que sea quien es.
> JORGE BUCAY

Ejemplo 5

La madre del novio, en boda tardía y con hijos.

Creo que fue Sócrates quien dijo: «Casarse significa que si encuentras una buena mujer, serás feliz; y si encuentras una mala, serás filósofo»... Después de diez años de convivencia puedo decir que esta pareja es inmensamente feliz. Veo a mi hijo y me siento una madre orgullosa y satisfecha. Mi nuera Laura y mi nieto Andrés son dos tesoros en mi vida.

Hace tiempo creí que nunca vería este día que es tan especial para una madre. ¡Os habéis hecho rogar! Pero me alegra que hayáis tomado esta decisión y poder celebrarlo con vosotros.

Propongo a todos los presentes un brindis por los nuevos esposos y por la pareja de siempre: Laura y David. Si estos diez años os han traído hasta aquí, está claro que vuestra relación es fuerte y buena. ¡Por muchos años más! ¡Chinchín!

> Ten tus ojos bien abiertos antes del matrimonio; y medio cerrados después de él.
>
> BENJAMIN FRANKLIN

Ejemplo 6

El padrino, en representación de un padre o una madre.

Damas y caballeros, la madre de Laura, Marta, me ha honrado al ofrecerme la oportunidad de decir unas palabras y proponer un brindis en este maravilloso día. No es algo muy usual y alguno de ustedes puede preguntarse el porqué. Yo mismo se lo pregunté a Marta, y ella me dijo que no sólo era el padrino y el tío de la novia, sino que además había estado presente en todos los momentos importantes de su vida, casi como un padre. Así uno no se pude negar, ¿verdad?

Recuerdo cuando sostuve a Laura por primera vez, el día de su nacimiento. Hace ahora más de veinte años, pero parece que fue ayer. Siempre hemos tenido una afinidad especial, ¿verdad, Laura? Cuando eras pequeña decías que querías casarte conmigo, ¿lo recuerdas? Pero creo que finalmente David ha sido el afortunado... Bueno, David, no te guardo rencor por ello, ¡pero estaré vigilando! Yo la he visto crecer feliz y espero que tú la veas envejecer aún más feliz, si es posible.

Y ahora, alzando nuestras copas, quisiera que todos brindáramos por una vida en común larga y feliz. ¡Por David y Laura!

> ¡La felicidad! No existe palabra con más acepciones; cada uno la entiende a su manera.
> CECILIA BÖHL DE FABER

Ejemplo 7

El padrino, en una ceremonia íntima y breve.

Esta boda ha sido íntima y breve, tal y como los novios querían, pero también ha sido una de las más encantadoras y emotivas a las que he asistido. Para mí es un honor haber sido elegido como uno de los privilegiados asistentes y ser el testigo del novio. Todos los que estamos aquí formamos parte de la familia y las amistades más íntimas de esta pareja. Todos conocemos la simpatía y el tesón de Laura y también admiramos la lealtad y la generosidad de David. Creo que juntos hacen una pareja realmente estupenda. Así que me gustaría que les deseáramos una larga y feliz vida en común. ¿Todo el mundo tiene una copa? Bien. ¡Por David y Laura!

> La edad de casarse llega mucho antes que la de quererse.
> FRIEDRICH NIETZSCHE

Ejemplo 8

La madrina, que además es hermana de la novia.

Hoy me he emocionado muchísimo. No sólo soy la hermana de Laura, sino que además fui yo quien le presentó a mi compañero de trabajo, David, en aquel torneo de paddle. *Así que, de vez en cuando, m e gusta pensar que he sido un poco responsable de tanta felicidad.*

Chicos, se me han saltado las lágrimas al veros entrar tan guapos y pronunciar el «sí, quiero», y creo que esta sonrisa no se me va a borrar en todo el día. ¡Espero que mañana no me duela la cara, porque no lo puedo evitar!

Estos años hemos compartido muchos momentos de felicidad con la familia y los amigos y espero que disfrutemos muchos años más.

Quiero proponer un brindis a todos los presentes para desearos un futuro largo y maravilloso.

¡Por los novios!

Ejemplo 9

La madrina, en unas segundas nupcias para ambos contrayentes.

Casarse siempre es un paso importante para toda pareja, pero en vuestro caso es algo muy especial. Creo que ambos sois muy conscientes de lo afortunados que sois al tener otra oportunidad de ser felices. Remontar de una relación fallida con la suficiente experiencia y coraje como para comprometerse seriamente en una nueva es esperanzador para todos nosotros, y más en una sociedad en la que el individualismo y los divorcios son cada vez más frecuentes.

Habéis curado vuestras heridas y superado vuestros malos momentos, demostrando que el pasado no puede invadir el presente y que es posible mirar el futuro con mucha ilusión. Como madrina y amiga es un honor compartir con vosotros este momento y os deseo lo mejor.

¡Por Laura y David!

Vivimos en el mundo cuando amamos.
Sólo una vida vivida para los demás
merece la pena ser vivida.
ALBERT EINSTEIN

Los novios

¿Qué se puede decir de los novios? Han estado esperando y preparando este día desde hace tiempo, y es normal que los nervios o la tensión aparezcan. Sin embargo, unos momentos de relajación y unos ejercicios de respiración pueden solucionarlo. ¡Será un día irrepetible y hay que disfrutarlo!

Si usted es uno de los novios, antes de pronunciar su discurso o brindis, ya habrá pronunciado las palabras más importantes de su vida: «Sí, quiero». A partir de ahí todo parece más fácil... ¿o no? Bueno, no se preocupe, hoy es su día y nadie va chafárselo. Diga lo que diga, será bien recibido.

Si habla tras la intervención de sus padres o sus suegros, no olvide agradecerles sus palabras de cariño y apoyo. Normalmente, los novios aprovechan esta circunstancia para ser más breves y menos formales. De todas maneras, agradezca escuetamente la asistencia de los invitados y el apoyo recibido.

Si habla en nombre de su pareja, no olvide mencionarla al principio y al final del parlamento. Atrévase a dedicarle algún piropo, no sólo será galante sino que relajará la tensión del momento.

Todo el mundo espera de los novios un discurso en el que se haga referencia a la pareja. Por eso es frecuente relatar cómo se conocieron o prometieron. Trate de evitar las historias que no reflejan lo que realmente siente o que puedan distorsionar su mensaje. Exprese su amor explícitamente. Si le cuesta hallar las palabras adecuadas, puede leer una canción o un poema o inspirarse en ellos para construir su discurso.

Por otra parte, si los novios tienen pensado hacer algún regalo a sus padres o a alguno de los asistentes, éste puede ser un buen momento. En algunas culturas es tradición hacer unos presentes o regalos sorpresa. Incluso ambientarlo con música de fondo, generando así una mayor expectación por saber qué regalarán y a quién (un ramo de flores, los muñecos de la tarta, un marco con una bonita foto de la pareja…).

Las claves

- Si habla en nombre de su pareja, no olvide mencionarla.
- Exprese su amor explícitamente.
- Una anécdota simpática y representativa de su vida en pareja siempre es bienvenida.

Ejemplo 1

La novia, en una boda multicultural

Papá, gracias por tus emotivas palabras. Me han llegado al corazón. Yo también te quiero mucho y creo que eres el mejor padre del mundo... Al menos, el mejor que he tenido... Mamá, para mí siempre has sido un modelo a seguir y mi mejor confidente. A los dos, gracias por estar ahí todos estos años, me habéis hecho muy feliz.

A los demás, gracias por haber venido. En especial a la familia de Mohin, que ha venido desde la India, a Mehbub y Selima, mis encantadores suegros, y sus hermanos, Anonar y Banoo. Esta boda es mucho más sencilla que una boda tradicional india, que suele durar días y días, pero espero que les llene de felicidad y orgullo.

Hace seis años conocí a Mohin en un curso para jóvenes informáticos. Le pregunté si podía prestarme un bolígrafo... y ¡creo que no pudo resistirse a mis encantos! Pero en realidad no llevamos juntos tanto tiempo. Los tres primeros apenas cuentan, ya que sólo nos vimos durante los veranos y en una Semana Santa. Ésta ha sido una relación a prueba de bomba. ¿Cuántos de vosotros confiabais que una relación a distancia como

* Cuando los invitados hablan diferentes idiomas se suelen hacer pausas para dar paso a una traducción más o menos simultánea. Si la boda incluye elementos de la cultura extranjera se pueden comentar brevemente para que todos los asistentes los puedan entender.

ésta llegaría a durar tanto? Hummm… no veo muchos brazos levantados…
Mohin, cariño, cuando hace dos años decidiste venir a vivir a España, me hiciste la mujer más feliz del mundo. Espero darte todo lo que te mereces, junto con mi amor. No quisiera alargarme más, muchas gracias a todos. Un brindis por todos nosotros. ¡Salud!

> Todo lo que sabemos del amor es que el amor es todo lo que hay.
> EMILY DICKINSON

Ejemplo 2

El novio, en un enlace civil con comida familiar.

Gracias a todos por venir hoy. Como sabéis, Teresa y yo queríamos una boda sencilla y modesta. Aunque llevamos viviendo juntos tres años, ésta es una ocasión especial para manifestar nuestro amor y nuestro compromiso como pareja y reunir a las personas que más queremos. Todos los que estáis aquí sois realmente importantes para nosotros. Muchas gracias por dejarnos compartir vuestras vidas. Para nosotros es un enorme honor y un auténtico placer.
Ahora quisiera proponer un brindis por todos y por mi fantástica mujer. Cariño, sin ti mi vida no tiene sentido, te quiero con toda mi alma. ¡Por ti! ¡Por vosotros! ¡Salud!

Ejemplo 3

La novia, en segundas nupcias tras un divorcio.

Un poeta inglés, Samuel Johnson, dijo que un segundo matrimonio es el triunfo de la esperanza sobre la experiencia. Parece obvio que es así, pero me gustaría añadir algo: la experiencia no queda vencida, sino que ayuda a triunfar, a mejorar. Gracias a ella puedo afirmar ahora que Jorge es mi segundo marido pero el primero en mi corazón, y así será en adelante.

Gracias a todos los que habéis venido a celebrar esta nueva etapa de nuestras vidas, que empezamos con la mayor de las esperanzas y con una tremenda ilusión. Quisiera hacer un brindis por mi marido, pero también por todos nosotros: por lo que somos, por lo que hemos vivido juntos y por lo que nos queda por celebrar. ¡Salud!

> Se puede amar sin sufrir cuando se ama sin enrojecer.
>
> LOUIS CHARLES ALFRED DE MUSSET

Ejemplo 4

El novio a la novia, en un brindis informal.

Quisiera proponer un brindis por la mujer más maravillosa del mundo, Laura, mi mujer. Es inteligente, comprensiva y trabajadora; además, como todos sabéis, muy limpia y organizada. La lista de sus virtudes es tan larga que no acabaría nunca... Ayer, ella misma me hizo una para ayudarme en este discurso y la colgó en la nevera. ¡Lástima que no entendiera su letra! Pero no me hacía falta...

Cariño, nunca se te escapa nada y contigo a mi lado me siento como un rey. A pesar de tu caligrafía, te quiero por tu manera de cuidar todos los detalles, por todas tus virtudes y todos tus defectos. Te quiero y quiero pasar el resto de mi vida contigo.

Amigos, familia. ¡Un brindis por Laura!

> El amor es una amistad con momentos eróticos.
>
> ANTONIO GALA

Ejemplo 5

La novia al novio y a la familia de éste, en un brindis informal.

Me gustaría proponer un brindis más por mi marido, David, la persona que ha dado un nuevo objetivo a mi vida: hacerle feliz. Gracias también a sus padres por haber contribuido a que sea como es y por haberme acogido en su familia como a una hija. También quisiera agradecer a mis padres el haber cuidado tan bien de mí estos años, una deuda tan grande que sólo puedo pagar con mucho amor y haciendo las cosas bien, para que puedan estar orgullosos de mí. Espero que los que nos encontramos hoy aquí podamos

celebrar muchas otras cosas y compartir nuestro día a día durante muchos años.
¡Un brindis por David!

> El amor no tiene cura, pero es la única cura para todos los males.
> LEONARD COHEN

Ejemplo 6

El novio a sus amigos, en un brindis breve.

Mi mujer y yo queremos hacer un brindis especial por nuestros amigos. Ellos son, como suele decirse, «la familia» que hemos escogido. Muchas gracias por todos estos años de amistad y por respetar y apoyar nuestra relación desde un principio. También queremos agradecer vuestros regalos y buenos deseos. Vuestras palabras, brindis y carcajadas animan de forma especial este día tan importante para nosotros.
¡Por unos amigos fantásticos y para que podamos seguir siéndolo durante muchos años!

> Los amigos son esa parte de la raza humana con la que uno puede ser humano.
> JORGE SANTAYANA

3. Bautizos y primeras fiestas

La llegada de un nuevo miembro a la familia es un motivo de alegría, siempre que la madre y la criatura se encuentren bien. Es normal que se sienta el impulso de celebrarlo y que en estas ocasiones busquemos las palabras más adecuadas para felicitar a la familia.

Los primeros días suelen vivirse en el hospital y en la más estricta intimidad, pero, si por algún motivo, usted quisiera o tuviera que decir o escribir unas palabras, podría emplear algunos de los consejos o frases citadas más adelante. Recuerde ser breve, ya que seguramente el cansancio y la novedad agotan a padres y bebés, y que, posteriormente, suele haber una ceremonia o fiesta adecuada para brindar y hacer discursos.

El bautizo es una opción que corresponde tomar a los padres y que suele ser elegida por familias creyentes o deseosas de continuar con las tradiciones familiares. Sin embargo, cada vez son más frecuentes los actos sociales laicos y puramente lúdicos. Además, no necesariamente se celebran a los pocos meses de vida de la criatura, como era costumbre antes; hoy en día es frecuente ver a niños que ya caminan o fiestas de cierto nivel para celebrar el primer año de vida. Deberá tener en cuanta todos estos factores a la hora de adaptar su discurso.

Si bien los bautizos son celebraciones típicamente familiares y más bien íntimas, algunos son verdaderos actos sociales. El protocolo no es tan exigente en cuanto a vestimenta, que suele ser más sencilla que en una boda. De hecho, el que debe ir bien vestido es el niño, tradicionalmente con faldones de cristianar. Los padres suelen cuidar su vestimenta y aspecto, al hallarse en una ocasión solemne. Estas ceremonias se celebran «en horario infantil», o bien por la mañana, dando paso a una comida posterior, o bien por la tarde, para agasajara a los asistentes con una merienda. Suelen ser frecuentes los colores suaves o pasteles para las señoras, ya que reflejan la ternura e inocencia del mundo infantil. Los caballeros suelen llevar traje oscuro, aunque si es verano puede ser más claro.

Considere estas observaciones y, si tiene que hacer algún discurso en el bautizo, sería interesante que preguntara a los padres acerca de las expectativas que albergan sobre ese día o cómo lo han preparado. Esa información puede ser muy útil para elaborar su discurso sin cometer errores de cortesía. Además, no olvide que las intervenciones en este tipo de actos sociales suelen ser más cortas que en las bodas y suele haber menos parlamentos. Unas cuantas palabras serán suficientes. En general, las intervenciones se reservan para los postres, antes de cortar el pastel, y suelen realizarlas los padres, los abuelos o los padrinos

Al igual que en los discursos de boda, la buena educación obliga a agradecer a los asistentes su presencia, así como los regalos o contribuciones que hayan podido hacer para la fiesta o al niño. Aunque los propios sentimientos y experiencias son los mejores recursos, también puede recurrir a citas o poemas. Tenga en cuenta que estos brindis suelen ser más discretos y menos emotivos que en las bodas o funerales. Al fin y al cabo, al auténtico protagonista de la fiesta apenas se le conoce y son más fuertes los lazos que nos unen a sus padres y familiares.

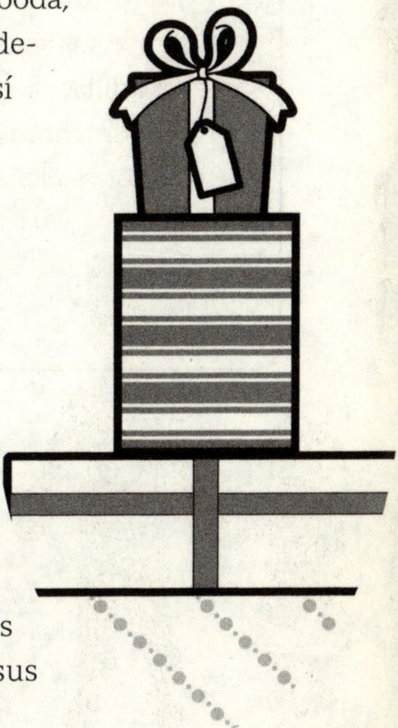

Por último, en la medida de lo posible, debemos evitar las comparaciones y los parecidos, así como ser excesivamente críticos con el tamaño, el peso o el aspecto del niño. Eso no sólo puede granjearle la antipatía de los padres y abuelos, sino que además puede convertirle en la comidilla del día. ¿Quién no recuerda al por entonces marido de una infanta europea diciendo que «el pobrecillo es igual que su madre»?

Las claves

- Agradezca la asistencia y los obsequios.
- Exprese sus sentimientos y desee un feliz futuro a la familia.
- Evite comentarios comparativos y críticas negativas sobre el aspecto del niño.

Ejemplo 1

El abuelo, en un bautizo cristiano.

Queridos amigos y amigas, me hace muy feliz poder celebrar el bautizo de mi nieto Alejandro con todos vosotros. El bautismo es un sacramento muy especial, no sólo porque es el primero sino también porque gracias a él entramos a formar parte de la familia de los hijos de Dios, la Iglesia. Una vida llena de amor, de continuo servicio, de caridad hacia nuestros hermanos y de felicidad.

Una de las mayores satisfacciones para un padre es ver cómo sus hijos se convierten a su vez en padres, pudiendo experimentar así la fantástica aventura de la vida. Estoy seguro de que Silvia y José serán unos padres responsables y cariñosos, y Alejandro un niño amado y feliz. Me gustaría proponer un brindis por ellos. Por favor, poneos en pie y alzad vuestras copas. ¡Felicidades!

> Una familia feliz no es sino un paraíso anticipado.
>
> SIR JOHN BOWRING

Ejemplo 2

La abuela, en un bautizo de gemelos.

Querida familia, no soy amante de los discursos. De hecho, éste es el primero que hago en toda mi vida. Pero quisiera decir unas palabras porque hoy es un día muy especial para mí, por varias razones. La primera es que ¡por fin soy abuela! Creo que desde que tienes un hijo, piensas en cómo crecerá, se hará mayor y a su vez tendrá un hijo o una hija. La segunda es por toda la ilusión y la ternura que han vuelto a despertar en mi interior. Desde que supe que mi hija Ana estaba embarazada, no he dejado de sonreír y visitar tiendas de ropita y juguetes… ¡Me siento como si fuera una niña otra vez! La tercera es porque, después del susto que nos dieron al nacer sietemesinos, todo ha salido bien y todos disfrutan de muy buena salud. Estoy segura de que Ana y Alberto serán unos padres excelentes y tomarán la mejor decisión en cada momento.

Gracias a todos vosotros por estar aquí y por vuestro apoyo estos primeros meses. ¡Brindemos por esta nueva familia! ¡Muchas felicidades!

> Los niños adivinan qué personas los aman.
> Es un don natural que con el tiempo
> se pierde.
> CHARLES PAUL DE KOCK

Ejemplo 3

El padre, en una merienda sencilla en casa.

¡Atención, por favor! Me gustaría hacer un brindis y decir unas palabras. Muchas gracias a todos por venir y por los regalos que habéis traído. Como

sabéis, no queríamos hacer de este día algo ceremonioso o rimbombante, simplemente deseamos celebrar lo feliz que nos hace que Alejandro ya esté con nosotros. Quisiera aprovechar la ocasión para dedicar unas palabras a mi mujer: Ana, me has hecho el hombre más feliz del mundo y me esforzaré todo lo que pueda para estar a la altura de lo que ambos os merecéis.
¿Todo el mundo tiene copa y bebida? Bien. ¡Por Alejandro! ¡Salud!

> Jamás ha habido un niño tan adorable que la madre no quiera poner a dormir.
> RALPH WALDO EMERSON

Ejemplo 4

La madre de un niño muy deseado.

Para nosotros hoy es un día muy especial. Celebramos que Alejandro por fin está entre nosotros. Todos habéis vivido con nosotros estos años de médicos y sinsabores. Pero ha valido la pena. La sensación que se tiene cuando puedes abrazarlo por primera vez hace que todo lo demás no importe. ¡Sólo espero que no lo malcriemos! Así que no sabéis lo inmensamente felices que somos al veros hoy aquí. Con esta experiencia se cumple el mayor de nuestros sueños.
Muchas gracias por venir y por los detalles que habéis tenido con el niño y con nosotros. ¡Salud!

Ejemplo 5

La madre, en el primer cumpleaños de un niño especial.

Querida familia y amigos, muchas gracias por venir y por los regalos que nos habéis hecho. Quisiera pronunciar unas palabras de agradecimiento antes de dar pasar a los postres. Como sabéis, Alejandro es un niño especial. Desde que los médicos nos comunicaron su diagnóstico hasta hoy ha sido un largo y duro camino. Quiero agradecer a mi marido, por supuesto, y también a mi madre, a mi padre y a mis suegros el inmenso apoyo y amor con el que se han volcado sobre mí y nuestro hijo. Nunca os estaré suficientemente agradecida. ¡Os quiero! También quisiera proponer un brindis por Alejandro que, en tan poco tiempo, ha sabido llegar a nuestros corazones y enseñarnos el auténtico amor incondicional.

> Cada niño que viene al mundo nos dice:
> «Dios aún espera del hombre».
> RABINDRANATH TAGORE

Ejemplo 6

La madrina, en el caso de una adopción.

Como madrina de la criatura y prima de la madre, voy a proponer un brindis. Así que espero que todos consigáis una copa mientras digo unas palabras... Yo no tengo hijos, y cuando Ana me preguntó si quería ser la madrina de la niña, no dudé ni un minuto. He sido testigo excepcional de todo este proceso, desde las primeras dudas hasta los preparativos del último viaje a China. Ana y Alberto tienen toda mi admiración por su tesón y constancia en la determinación de ser padres. La pequeña Lin es fantástica, maravillosa, y por lo que a mí respecta sus ojos pueden ser oscuros o claros, rasgados o a cuadros... me da lo mismo. Intentaré no perderme ni uno de sus cumpleaños ni ningún día importante para ella. Muchas gracias Ana y Alberto por hacerme madrina. No sólo es un honor sino también una alegría. ¡Por vosotros y por la pequeña Lin!

> Vuestros hijos no son vuestros hijos:
> son los hijos y las hijas de las ansias de vida
> que siente la misma vida.
> KHALIL GIBRAN.

Ejemplo 7

El padrino, en el bautizo de un niño mayor, y en ausencia del padre.

Cuando Ana me pidió que dijera unas palabras en nombre de ella y de la familia, estuve a punto de rechazar la oferta. No soy amante de los discursos, pero como padrino de Alejandro y amigo de la familia, no puedo negarme. Ésta es una ocasión muy especial. Todos sabemos lo mucho que le hubiera gustado a Alberto poder estar aquí hoy con nosotros, pero por desgracia no puede ser así. Él estaría orgulloso de Alejandro, que a sus nueve años ha decidido libremente bautizarse y tomar la comunión. Como padrino, también me siento orgulloso de él. Lo he visto crecer, dar sus primeros pasos, comenzar la escuela y ganar sus primeros partidos de tenis. Es un muchacho excepcional y espero que sea un joven, y más tarde un adulto, del que todos podamos sentirnos orgullosos. ¡Por ti, Alejandro!

> Si la ayuda y la salvación han de llegar sólo puede ser a través de los niños. Porque los niños son los creadores de la humanidad.
> MARIA MONTESSORI

4. Primeras comuniones y confirmaciones

Gran parte de los consejos que apuntaba antes para los bautizos son aplicables también en las comuniones, aunque no para las confirmaciones. Estas celebraciones no suelen ser tan íntimas como un bautizo ni tan importantes como una boda. Ambas son actos sociales de raíz religiosa y el compromiso para festejarlos sin ser practicante es menor. Por eso, hoy en día, muchas familias prescinden de estas dos celebraciones.

La diferencia más importante entre una y otra es la edad de los protagonistas. Este hecho marcará no sólo los horarios, sino también la forma de festejarlas, los regalos y los brindis o discursos. Las comuniones normalmente son por la mañana y se celebran con una comida o aperitivo. Las reglas de vestuario para los asistentes son similares a las del bauti-

zo: colores claros para ellas y traje oscuro para ellos. Las confirmaciones también pueden celebrase por la tarde, e incluso festejarlas por la noche, especialmente si se solapan con la celebración de una mayoría de edad. Por ello los vestuarios pueden ser de colores más llamativos y de cortes más atrevidos, llegándose incluso a solicitar etiqueta.

Los discursos en las comuniones suelen estar protagonizados por los padres o los tutores del niño o niña. En las confirmaciones ocurre lo mismo, aunque a veces el joven protagonista del evento puede dirigir unas palabras. La duración es breve, y la carga emocional, menor que en los otros actos sociales ya comentados.

Hay que recordar que los protagonistas son los jóvenes y que, a más edad, mayores son sus ganas de independencia y autonomía con respecto a la familia. Habrá

que actuar con un tacto especial para que se sientan respaldados y respetados como miembros de pleno derecho en nuestra sociedad y prestar especial atención a sus amigos, con los que esperan gozar de un día memorable. Los padres deben evitar organizarlo todo a su gusto, olvidando que sus hijos ya pueden tomar decisiones y tienen sus propias ideas y opiniones, que contribuyen a hacer de ese día una fecha especial y memorable.

Las claves

- Agradezca la asistencia y los obsequios.
- Recordar o relatar alguna experiencia vivida junto al protagonista siempre queda bien.
- Tenga en cuenta los gustos del protagonista. Los jóvenes agradecen que se reconozca su autonomía e independencia.
- Evite chistes, anécdotas o comentarios que puedan herir su sensibilidad. Los adolescentes son más susceptibles que los adultos.

Ejemplo 1

La madre, en una comunión con aperitivo en casa.

Quisiera tener vuestra atención tan sólo unos instantes para agradeceros que hayáis venido y los obsequios que habéis hecho. Espero que esté todo a vuestro gusto, sobre todo al tuyo, hijo. He incluido minipizzas en tu honor. ¿Te han gustado?... Me alegro.

Para nosotros es un placer celebrar este día y, Luis, cariño, no lo hacemos porque toca, sino porque creemos en ello y te queremos mucho. Estamos muy orgullosos de ti. Este invierno has ayudado a tu padre en la tienda, te has esforzado en el colegio y has marcado goles importantes con tu equipo de balonmano. Por eso creemos que te has ganado todos los regalos que están encima de esa mesa. Ahora haremos un brindis por ti y luego podrás abrirlos todos.

En fin, espero que los niños tengan sus refrescos a mano y los adultos sus copas llenas. ¡Por Luis! ¡Salud!

En mi casa he reunido juguetes
pequeños y grandes, sin los cuales no
podría vivir.
El niño que no juega no es niño,
pero el hombre que no juega perdió
para siempre al niño que vivía en él
y que le hará mucha falta.
PABLO NERUDA

Ejemplo 2

El padre, en una comunión con convite en un restaurante.

Familia, amigos y amigas. Muchas gracias por estar aquí. Voy a explicaros algo que no es un secreto, pero que pocos de vosotros sabéis. Hace dos años, le expliqué a Luis qué significaba hacer la comunión. Le expliqué qué entraña este sacramento y que ya no era un niño pequeño, que debía comenzar a tener pequeñas responsabilidades. Naturalmente, a él ¡lo que más le llamó la atención fue la parte de la fiesta con sus amigos, su familia y los regalos!

Pero se ha estado esforzando en la escuela y en casa, poniendo la mesa, regando las plantas y haciendo pequeños recados. Ese esfuerzo tiene su recompensa, no sólo con esta fiesta y estos regalos, sino con buenas notas y el respeto y la admiración de sus padres y conocidos.

No voy a alargarme más, simplemente quiero aprovechar la ocasión para decirle a mi hijo que estamos muy orgullosos de él y que nos hace muy felices a su madre y mí.

Espero que podamos continuar celebrando muchas otras cosas en los próximos años. Antes de pasar a los postres me gustaría que brindáramos por Luis.

¡Un brindis por Luis! ¡Salud!

> Los niños son la esperanza del mundo.
>
> José Martí

Ejemplo 3

La madre, en una confirmación.

Queridos familiares y amigos, éste es un día muy especial para mí. Nuestro hijo Luis se ha confirmado, dando continuidad a la educación y a la fe que durante estos años hemos intentado inculcarle. Todos estamos orgullosos de él y él debe estarlo de sí mismo. Es un joven responsable, inteligente y que tiene muy buenos amigos. Ha sabido ganarse nuestra confianza y queremos desearle un futuro brillante. ¡Por Luis y para que Dios nos permita celebrar muchos años más junto a él!

> La infancia tiene sus propias maneras de ver, pensar y sentir; nada hay más insensato que pretender sustituirlas por las nuestras.
> JEAN JACQUES ROUSSEAU

Ejemplo 4

El padre, en una confirmación en que además se celebra la mayoría de edad.

Queridos familiares y amigos, hoy nos encontramos aquí para celebrar la confirmación y la puesta de largo de mi hija María. Parece que fue ayer cuando daba sus primeros pasos, y para mí siempre será la niña de ojitos azules que me pedía que le leyera el cuento de los tres cerditos una y otra vez.

Ahora ya es una mujer con sus propias ideas, con derecho a voto. Una joven valiente que comienza sus estudios de medicina el próximo año y que ya tiene novio... Bueno, o amigo, como se dice ahora. María, sólo quiero que sepas que estamos muy orgullosos de ti y te queremos mucho. Es un honor formar parte de tu vida. ¡Un brindis por María!

> Lo que habéis heredado de vuestros padres,
> volvedlo a ganar a pulso
> o no será vuestro.
> JOHANN WOLFGANG GOETHE

Ejemplo 5

Una joven que se confirma, en réplica breve a los padres.

Papá, mamá, muchas gracias por vuestras palabras. Para mí también es un orgullo ser vuestra hija. Aprovecho la ocasión no sólo para deciros lo muchísimo que os quiero, sino para agradeceros todos estos años de amor, sacrificio y dedicación. Soy consciente de que no podría estar aquí ni ser quien soy sin vosotros... También deseo expresar lo mucho que quiero a mis hermanos y abuelos, a toda mi familia.

Por último, no me olvido de mis amigos, aquellos que arman tanto jaleo en la mesa del fondo. Pepa, Bárbara, Pol, Sandra, Pablo, Nando, Vicky, Nuria, Joaquín y

Txomin. Gracias por estar ahí y espero que os lo paséis muy bien.
En fin, brindo por todos vosotros. ¡Salud!

Los niños comienzan por amar a los padres.
Cuando ya han crecido, los juzgan,
y, algunas veces, hasta los perdonan.
OSCAR WILDE.

5. Puestas de largo, fiestas de compromiso y despedidas de soltero

Dicen que el tiempo pasa y no perdona, y así es. Los niños que ayer se bautizaban o comían su tarta de comunión con una sonrisa en los labios, hoy ya son hombres y mujeres. La vida sigue su curso y viene marcada por unos rituales de crecimiento y de entrada al mundo adulto. Según las culturas, estos festejos y rituales cambian. Sin embargo, las más conocidas en nuestra sociedad son: cumplir la mayoría de edad y fundar un nuevo núcleo familiar.

Puestas de largo

En muchas culturas es costumbre celebrar la llegada de los jóvenes a la madurez. Una madurez no sólo física o reproductiva, sino también psicológica, intelectual e incluso socio-económica, que le abre el camino a la emancipación del núcleo familiar. Dependiendo de cada país o sociedad, este punto se suele alcanzar entre los dieciséis los veintiún años y normalmente coincide con la mayoría de edad desde un punto de vista legal. En España esto sucede a los dieciocho años, aunque también puede celebrarse a los dieciséis o diecisiete.

Si bien este tipo de ceremonias se habían practicado más en el pasado o en ambientes de cierto nivel socioeconómico, últimamente han prosperado y se han popularizado. Pueden ser fiestas a título individual o colectivo (un grupo de amigos o amigas, una promoción académica, etc.). Normalmente suelen festejarse sólo en el caso de las mujeres. La mayoría de edad de los hombres suele celebrarse a nivel privado, sin embargo puede darse algún caso especial. También es costumbre que ellas, las llamadas «debutantes», escojan un padrino para la fiesta, que suele ser el padre.

A diferencia de bodas o comuniones, este tipo de eventos se celebra por la tarde o por la noche, con un cóctel o una cena. Éste es el horario preferido por los jóvenes, que disfrutan de una noche sin toque de queda y que, actualmente, pueden alargar la diversión hasta la madrugada con sus amigos o por su cuenta.

> Los padres deberían darse cuenta
> de cuánto aburren a sus hijos.
> GEORGE BERNARD SHAW

Las normas de vestimenta suelen ser de etiqueta o similares a las de una boda para los invitados. Los debutantes suelen vestir de oscuro y las debutantes con vestidos claros de fiesta. Existe cierto protocolo que puede cambiar en función de los organizadores, pero suele ser un clásico que debutantes y padrinos abran el baile con un vals.

Los discursos suelen estar presentes en las puestas de largo colectivas. El organizador inicia la celebración dando la bienvenida a los asistentes, presentando a los debutantes o personalidades destacadas y transmitiendo el espíritu de la celebración a los asistentes. Normalmente son breves, un par de minutos o tres, y equivalen a las ceremonias oficiales o religiosas de bodas o comuniones. Estas ceremonias pueden incluir parlamentos de los padres, los padrinos e incluso de las debutantes.

Los brindis, muy breves, suelen pronunciarse a la hora de los postres y las copas. Los protagonistas son los padres o tutores, sus padrinos y las jovencitas. Hablar de las nuevas responsabilidades que adquieren al convertirse en personas adultas ante la sociedad es siempre una apuesta segura, así como alabar las cualidades y las maravillosas perspectivas de futuro que la joven tiene ante sí. Es importante decirlo con tacto, ya que los adolescentes son sensibles a las críticas y tampoco les gusta que les recuerden su recién abandonada infancia, más bien están ansiosos de que se les considere inmediata y plenamente como adultos por propio derecho.

Las claves

- Agradezca la asistencia y los obsequios.
- Alabe las cualidades de la debutante y las maravillosas perspectivas de futuro que tiene.
- Exprese libremente sus sentimientos.

Ejemplo 1

El maestro de ceremonias, en una puesta de largo colectiva.

Señoras y señores, bienvenidos a esta puesta de largo. Hoy nos encontramos aquí para celebrar la mayoría de edad de María José Ramos, Rosa Fernández, Eulalia López y Valentina Coronado.

Este año cumplen los 18 años y, según el artículo 12 de la Constitución Española, adquieren los derechos y deberes fundamentales de todo individuo mayor de edad en este país. Pero, más allá de este hecho jurídico, María José, Rosa, Eulalia y Valentina son cuatro hijas maravillosas que se han convertido en encantadoras mujeres, preparadas para afrontar los retos que les depara el futuro. Esta celebración es en su honor e intentaremos que sea un momento inolvidable.

Comenzaremos entregándoles una copia de nuestra Carta Magna y visionando unos breves vídeos sobre la trayectoria vital de cada una de ellas, realizados gracias a la colaboración de sus familiares y amigos. Posteriormente oiremos unas breves palabras de sus padrinos y de ellas mismas.

Continuaremos con un pequeño aperitivo en los jardines y pasaremos a la Gran Sala para la cena. Finalizaremos la jornada en el salón de baile, que inaugurarán las debutantes y sus padrinos con el tradicional vals.

Gracias a todos por venir. Esperamos que la velada sea de su agrado y disfruten de ella.

Ejemplo 2

El padrino, en una fiesta colectiva.

Valentina, cuando me escogiste como padrino me hiciste muy feliz. Fui el padrino en tu bautizo y a lo largo de estos años no me he perdido ni una sola palma, ni una Navidad, ni un cumpleaños. Ya sabes que no tengo hijas, pero si tuviera que escoger a alguien para que lo fuera, esa persona serías tú. Me siento orgulloso de haber visto cómo esa niña de las coletas y las gafitas, la Tina que hemos visto en el vídeo, se ha convertido en esta Valentina, una mujer guapa e inteligente que el próximo año comienza sus estudios en la Facultad de Química.

Como dijo Victor Hugo: «El futuro tiene muchos nombres. Para los débiles es lo inalcanzable. Para los temerosos, lo desconocido. Para los valientes es la oportunidad». Valentina, busca esas oportunidades, encuéntralas y afróntalas como mejor sepas. Tienes un futuro brillante por delante y en él siempre podrás contar con los tuyos y conmigo.

Y ahora, brindemos todos por Tina. ¡Por Tina!

> Los que no tienen hijos
> ignoran muchos placeres,
> pero también
> se evitan muchos dolores.
> HONORÉ DE BALZAC

Ejemplo 3

Réplica de la debutante a su padrino.

Gracias, padrino, por tus encantadoras palabras. Yo también estoy orgullosa de todos vosotros. Mi infancia fue muy feliz gracias a mis padres y a mi familia. Tan feliz que, a veces, pienso que ojalá pudiera volver atrás y peinarme con esas coletas. Luego pienso en las gafas, en los aparatos de los dientes, en todas esas cosas que ya he superado, en el esfuerzo que me ha costado la selectividad… y no, sé que no hay marcha atrás. Hay noches que tengo una sensación extraña en el estómago. La incertidumbre, el deseo, la impaciencia y las ganas de hacer cosas nuevas se mezclan y me provocan una especie de vértigo. Entonces, recuerdo que ahí están mis padres y mis amigos y me siento mejor, más segura. Papá, mamá, muchas gracias por todo y por esta fiesta. A mis amigos, a mis colegas, también les quiero decir que les quiero mucho y, aunque sea un tópico, confío que sigamos juntos para siempre. Como canta Jorge Drexler en una de sus canciones: «Cada uno da lo que recibe, y luego recibe lo que da. Nada es más simple. No hay otra norma: nada se pierde, todo se transforma». Hemos vivido muchas cosas, y aunque nos vayamos transformando o cambiando, lo que hemos compartido no se borra.

> Tener un hijo no es tener un ramo de rosas.
>
> FEDERICO GARCÍA LORCA

Ejemplo 4

El padre de la debutante, en una puesta de largo individual y privada.

Cariño, hoy estás guapísima y tu madre y yo, muy orgullosos. Te hemos educado tan bien como hemos sabido y podido. Has sido una hija cariñosa y responsable y has sabido ganarte nuestra confianza. Ahora cumples 18 años, ya eres mayor de edad. Adquieres nuevas obligaciones y nuevos derechos en esta sociedad. Derechos como el del voto y la participación en un sistema democrático, que no tienes que dar por asegurados y que debes utilizar y valorar en su justa medida. Libertades que tienes gracias a personas que han luchado por ellas y, a veces, hasta sacrificado sus vidas. No hablo de teorías ni de personas extrañas. Hablo de tu abuelo paterno, que estuvo en la cárcel durante el fascismo, donde enfermó de forma crónica. Hablo de tu abuela materna, que llegó a esta ciudad sin saber leer ni escribir. A ti no te ha faltado de nada, eres la primera mujer de la familia en ir a la universidad. Recuérdalo siempre y esfuérzate en mejorar y mejorar este mundo, a tu nivel, con humildad pero con respeto.

> El padre que no educa a su hijo también en sus obligaciones es responsable de las futuras negligencias del mismo.
>
> CONFUCIO

Ejemplo 5

La mayor de edad, en una celebración familiar e informal.

Papá, mamá, y familia, muchas gracias por todo, por la cena, por los regalos y por estar siempre a mi lado. Hoy cumplo 18 años y sé que no siempre he sido fácil de trato ni me he portado bien. Pero intentaré esforzarme para que os sintáis orgullosos de mí. No sé lo que me deparará el futuro, pero deseo compartirlo con vosotros. Así que quiero proponer un brindis por mi estupenda familia y para que podamos celebrar muchos años más. ¡Salud!

> La virtud de los padres es una gran dote.
>
> QUINTO HORACIO FLACO

Fiestas de compromiso

Cuando una pareja toma la decisión de casarse puede decidir formalizarlo en una recepción, comida, cóctel o banquete. Es la celebración ideal para que las familias de los contrayentes se conozcan a fondo. Tradicionalmente, como en las bodas, es la familia de la novia la que se encarga de organizarlo; pero también pueden ir a cargo de la familia del novio o de la propia pareja. No son eventos tan formales como los enlaces, y el vestuario y el protocolo pueden variar mucho según el enfoque que se quiera dar a la celebración. Podemos encontrar fiestas de compromiso bastante sonadas, en las que se hacen discursos antes de empezar la cena (el padre del novio, el padre de la novia, el novio y la novia, suele ser el orden adecuado). O bien, en el otro extremo, podemos encontrar una sencilla barbacoa que reúne a los futuros suegros y cuñados. Cada familia tiene diferentes costumbres y distintas formas de expresarse, pero el protocolo estipula que el padre del novio es quien pide la mano de la novia y expresa lo que significa para él y su familia la unión de su hijo con la novia. También

les desea lo mejor y ofrece su apoyo a la pareja. Luego, el padre de la novia toma la palabra y expresa igualmente sus sentimientos. Al final, se propone un brindis por los novios. Éstos y el resto de familiares también pueden decir algo si así lo desean. En caso de que el padre de la novia o del novio haya fallecido, o estén separados, tomará su lugar el primogénito o el familiar más allegado. Después de estos parlamentos suelen darse los tradicionales regalos de compromiso: anillos, relojes u otras joyas. Los parlamentos y brindis suelen ser muy breves y normalmente se hacen cuando ya han llegado todos los invitados y antes de que empiece el ágape.

Las claves

- Los discursos suelen pronunciarse antes de empezar la comida.
- Exprese lo que esta unión significa para usted.
- Recuerde augurar un maravilloso futuro.
- Después de los discursos es el momento ideal para entregar los obsequios de compromiso.

Ejemplo 1

El padre del novio.

*Querida familia y amigos, hoy nos encontramos aquí para celebrar el compromiso de Víctor y Elisa. Se conocieron hace seis años y empezaron a salir hace cinco. Poco a poco hemos ido conociendo a Elisa, una joven simpática, responsable y trabajadora que hace muy feliz a nuestro hijo. Saber que han dado el paso de comprometerse nos alegra y nos tranquiliza, ya que vemos que es una relación que prospera y con un feliz futuro por delante. Se casarán el próximo mes de julio, en la iglesia de Santa Ana, donde fue bautizado Víctor. Luego, comenzaran una vida juntos en su nuevo apartamento en *Barcelona, donde Elisa tiene a su familia.*

Para nosotros es una alegría poder estar aquí con todos vosotros y que ambas familias puedan estrechar sus lazos. También nos alegra ver hoy a los amigos de nuestros hijos. Muchas gracias por haber venido y por vuestros mensajes de apoyo y buenos deseos.

Propongo que todos juntos brindemos por Elisa y Víctor, para desearles siempre lo mejor y que por encima de todo se amen y se cuiden el uno al otro.

¡Por vosotros, muchachos! ¡Chinchín!

> La felicidad en el matrimonio depende enteramente de la suerte.
>
> JANE AUSTEN

Ejemplo 2

La madre de la novia.

Cuando tu hija te dice: «Mamá, voy a casarme», se te hiela la sangre en las venas. Por mucho que lo veas venir o te digas «ya era hora», el hecho de que tu pequeña vaya a fundar su propia familia no te deja indiferente. Las cosas van a cambiar y, aunque sabes que hace tiempo que ya no eres la persona más importante de su vida y has dejado que tome su propio camino, te resistes a permitir que se aleje un poco más. Víctor es un hombre excelente, y por eso estoy tranquila. Sé que juntos sabrán afrontar el futuro con coraje e ilusión.

Espero que todo el mundo tenga una copa, y que esa copa esté llena. Familia, amigos, levantémonos y alcemos nuestras copas para brindar por esta nueva familia que empieza. Levantemos nuestras copas y brindemos por los novios. ¡Por Elisa y Víctor!

> Jamás en la vida encontraréis ternura mejor
> y más desinteresada que la de vuestra madre.
> HONORÉ DE BALZAC

Ejemplo 3

El novio.

Gracias por vuestras palabras de cariño y aliento. A Elisa y a mí no nos gustan mucho los discursos, pero diré unas palabras en nombre de ambos.

Queremos que sepáis que llevamos tiempo reflexionando sobre esta decisión y que la tomamos desde la convicción y la responsabilidad necesarias. Tenemos pensado casarnos el día 17 de julio, en la iglesia de Santa Ana, a las doce del mediodía. No os preocupéis, que recibiréis unas invitaciones, a modo de recuerdo, con todos los detalles.

(Haciendo una pausa y dirigiéndose a la novia.) Elisa, cuando te pregunté si querías casarte conmigo y me dijiste que sí, me hiciste el hombre más feliz del mundo, ya que mi vida sin ti no tiene sentido. Hoy te entrego públicamente este anillo, símbolo de mi amor y mi compromiso. También quisiera dedicarte un fragmento de un poema de Rafael Montesinos, que dice así:

Con voz de mi tierra quiero
(…)
decirte lo que te quiero.
Decirte que tú, mi niña…
(…)
Ay, ¿Cómo te lo diría?
Lo digo de corazón.
¿La vida, si no es contigo,
para qué la quiero yo?

> La felicidad es la certeza de no sentirse perdido.
> JORGE BUCAY

Ejemplo 4

La novia, en un discurso más familiar e informal.

Algunos de vosotros os conocéis hoy por primera vez, pero para mí todos formáis parte de mi vida cotidiana. Por eso, estoy hoy tan contenta, me entusiasma veros a todos juntos. Quizás nuestro compromiso haya podido sorprender a alguien después de un par de años de convivencia, pero éstos son tiempos modernos y nos apetecía mucho dar el paso. Sólo espero que no empecéis a agobiar con el tema de los hijos, porque aún es demasiado pronto.

Papás, quiero deciros que, en muchos aspectos, sois un ejemplo para nosotros y ojalá podamos disfrutar de tantos años de matrimonio como lleváis vosotros. Por lo menos, ésa es nuestra intención.

A todos, deciros que os queremos, sois muy importantes en nuestras vidas y os esperamos a la puerta de la iglesia el 11 de julio. ¡No faltéis!

Y ahora, un brindis, por mi estupendo novio y futuro marido y por todos vosotros. ¡Salud!

> La felicidad no es un ideal de la razón,
> sino de la imaginación.
> IMMANUEL KANT

Despedidas de soltero y soltera

Casi siempre que hay una boda, las amistades de los novios suelen organizarles algún tipo de fiesta unos días antes del enlace. Las despedidas pueden ser más o menos formales o desmadradas, celebrarse conjuntamente o por separado, durante una noche, todo un día o a lo largo de un fin de semana... Lo que es seguro es que los juegos, la diversión y la bebida están presentes en todas ellas.

Más que discursos suelen proponerse brindis, aunque a veces se aprovecha la ocasión para gastar bromas públicamente a los novios, explicar aterradoras anécdotas sobre la pareja o rememorar batallitas y experiencias compartidas. Tampoco es de extrañar que alguno de los invitados se arranque con el temido «¡que hable, que hable!»...Así que no está de más tener preparadas unas cuantas frases o recursos para salir del paso o animar la fiesta, como los que proponemos a continuación.

Las claves

- Sea breve.
- Evite las formalidades y mantenga una actitud festiva.
- Las bromas y los chistes son frecuentes, pero no critique negativamente al futuro cónyugue.

Ejemplo 1

Brindis de un amigo íntimo al novio.

Amigos, hoy estamos aquí para celebrar que Rafa se casa dentro de cinco semanas. Ahora empieza una cuenta atrás, pero no me refiero a una cuenta atrás para la boda, sino a un proceso mucho más largo. Amigos, quizás algunos no me creáis, pero éste es el principio de una transformación, de la metamorfosis del soltero en casado. Comenzará anulando nuestras citas de la tarde para poder acabar de pintar o decorar su nuevo piso. Luego, empezará a fallar a los partidos del sábado por la tarde para ir de compras con su mujer. Los domingos se convertirán en los días de visita a los suegros... ¿Preocupante, verdad?

Pero no vamos a intentar convencerle de que cambie de opinión... no, no... Todos conocemos a la novia y sabemos que no podemos cambiar su decisión. No es de extrañar. Irene es una chica fantástica; de hecho, más de uno le había echado el ojo hasta que te la llevaste.

Aún hay más, no vamos a intentar convencerte porque así, por fin, tus amigas y ex novias se darán por vencidas y accederán a salir con nosotros. No es que seamos como buitres, pero, por casualidad, ¿ya sabes qué harás con tu agenda de soltero? Si buscas heredero, ten en cuenta a este pobre amigo que te ha preparado esta despedida de soltero...

Y por último, decir que tenemos un pequeño regalo para ti... ¡Aquí está! Pero, antes de que lo abras, me gustaría proponer un brindis. Por ti, Rafa, para que sobrevivas estas últimas cinco semanas, disfrutes del viaje de novios y tengas una vida maravillosa junto a Irene. ¡Por Rafa!

> Todos deben casarse; no es lícito sustraerse egoístamente a una calamidad general.
> M. G. SAPHIR

Ejemplo 2

Réplica del novio al amigo.

Esta noche todo el mundo parece dispuesto a explicarme con pelos y señales las amarguras de la convivencia en matrimonio. Chicos, si lo que queríais era asustarme, no lo habéis conseguido. Habéis fallado desde el principio, porque todos estáis casados o tenéis una relación estable, excepto mi primo Alfredo.

De todas maneras, gracias por «preocuparos» tanto por mí, por esta fiesta y vuestros regalos. Yo también os echaré de menos. Hemos pasado muy buenos momentos, nuestras noches míticas, los conciertos, las borracheras y los partidos.

Pero, no os ofendáis, Irene es mucho más guapa que cualquiera de vosotros y prefiero levantarme junto a ella todas las mañanas. En fin, muchas gracias por vuestros regalos y por esta fiesta. Gracias especialmente a Gabriel por preparar y coordinar esta despedida.

Un brindis por unos amigos muy especiales. ¡Por vosotros!

Ejemplo 3

Brindis de la novia.

Muchas gracias a todas por estar aquí esta noche. Me lo estoy pasando muy bien, con todas las sorpresas que me habéis organizado. Y muchas gracias, sobre todo, por no haberme disfrazado con un falo enorme encima de la cabeza ni hacerme desfilar por las calles a golpe de silbato. Gracias por el salto de cama, el Kama Sutra *y los bombones. (Guardaré el chocolate debajo de la cama por si lo demás falla, pero espero que no sea así.) Me gustaría proponer un par de brindis. El primero por Rafa, que en parte es responsable de que nos encontremos hoy aquí y a quien espero que sus amigos dejen de una pieza esta noche. ¡Salud! Y el segundo es por vosotras. ¡Sois geniales! Las mejores amigas que se pueden tener y espero que nos encontremos todas dentro de cinco semanas en mi boda. ¡Salud!*

> Si la mujer fuera buena,
> Dios tendría una.
> SACHA GUITRY

Ejemplo 4

El novio en unas segundas nupcias.

Dicen que sólo el hombre es capaz de tropezar dos veces en la misma piedra. Parece ser que es verdad. Pero lo que es seguro es que la segunda vez nunca es igual que la primera. Si hace siete años alguien me hubiera dicho que hoy me encontraría en esta situación le hubiera llamado loco. Hoy soy yo el que me siento loco, o más bien eufórico. Después de una experiencia amarga he aprendido a reconocer lo que no quiero realmente y, con Irene, he descubierto lo que sí quiero: volver a sentir, a tener ilusión, a cantar por las mañanas mientras me afeito… y sobre todo tener la convicción de que puede continuar siendo así siempre. Dicen que sólo hay un amor hasta la muerte… el último. Espero haberlo encontrado.

Gracia a todos por estar a mi lado en los buenos tiempos y en los malos. Por preocuparos por mí, por intentar buscarme novias y animarme estos años. ¡Por vosotros! ¡Salud!

> Todavía no se ha descubierto la brújula para navegar en la alta mar del matrimonio.
>
> HEINRICH HEINE

Ejemplo 5

Brindis colectivo.

—¿Estamos todos?

—Estamos.

—Cual caballeros...

—Cumplimos.

—Y a las mujeres...

—Amamos.

—Pero ante todo...

—Bebamos, bebamos, bebamos.

—Bebió nuestro padre Adán.

—Bebió.

—Bebió nuestra madre Eva.

—Nada buena era.

—El que bebe...

—Se emborracha.

—El que se emborracha…

—Duerme.

—El que duerme...

—Sueña.

—El que sueña...

—No peca.

—El que no peca...

—Va al cielo.

—Y puesto que al cielo vamos, bebamos.

—Bebamos, bebamos, bebamos.

—¡Ah, líquido infernal!

—Que te criaste entre verdes matas.

—Y hasta al hombre más cabal…

—Le haces andar a gatas.

—Por ellas.

—Por las más bellas.

—Por las de culo ancho.

—Por las de cuello estrecho.

—Por las que ofrecen sus labios desinteresadamente.

—Aunque estén llenas de telarañas.

—¿Por las mujeres?

—¡No! por las botellas.

—¿Vino Dios al mundo?

—Vino.

—Y ¿para quién vino?

—Para todos, vino.

—Y ¿cómo vino?

—En bota.

—¿Y la mujer?

—En viva pelota.

—Si Dios borrachos nos tiene…

—Será porque nos conviene.

—Antes que no nos conocíamos.

—Bebíamos.

—Y ahora que nos conocemos.

—Bebemos.

—Pues bebamos, bebamos, bebamos hasta que no nos conozcamos.

—Cuando Dios llamó a Gabino, no dijo «Gabino, ven».

—Sino «venga vino».

—Arriba, abajo, al centro y adentro.

Porque no me fío de él, somos amigos.

BERTOLT BRECHT

6. Celebraciones: Aniversarios y reencuentros, navidades y fin de año

Los aniversarios destacados, los reencuentros de hermanos o primos y, en general, las fiestas en familia suelen ser ocasiones más espontáneas y menos preparadas que las ceremonias que representan un rito de vida o cambio de condición social. Aun así, para quien las ofrece u organiza pueden ser ocasiones especiales en las que cuidar hasta el último detalle. Siempre vale la pena demostrar a los demás cuánto les queremos, y en este tipo de reuniones no debe temer expresar sus sentimientos. Espero que los consejos de la primera parte del libro le hayan sido útiles y que pueda completarlos con los que vienen a continuación.

Aniversarios y reencuentros

Dentro de los aniversarios hay que distinguir dos grandes grupos: los aniversarios individuales y los de pareja. Los individuales son aquellos que cumple cada uno de forma personal; hay aniversarios de nacimiento, de ingreso en alguna asociación o de un acto destacado en la vida de cada cual. Los aniversarios de pareja son aquellos que celebran el inicio de una vida en común o una boda.

Dentro de estos dos grandes grupos encontramos los íntimos y los sociales. Los íntimos son aquellos que se celebran con un círculo reducido de personas y los sociales aquellos que se celebran más notoria o públicamente. Nos centraremos en los sociales, puesto que en los íntimos no suele haber grandes discursos ni brindis.

Normalmente los aniversarios individuales más celebrados a nivel social son: los 18, por alcanzar la mayoría de edad *(ver Cap. 5)*; los 25, el cuarto de siglo de vida o, por ejemplo, de pertenencia a una asociación; los 40, que representan la madurez, el meridiano de la esperanza de vida; los 50, la mitad de siglo; los 75, los tres cuartos de siglo; los 90, ya que no todo el mundo los vive; y los 100, el siglo completo.

Los aniversarios de pareja que suelen festejarse a nivel social son las bodas de plata (25 años de vida en común), de oro (50 años) y de diamante (60 años); aunque existen muchas otras denominaciones que la mayoría de gente desconoce, como las bodas de cristal, que celebran los quince años de una «transparente» relación.

> Un amigo es la mano que despeina tristezas.
> GUSTAVO GUTIÉRREZ MERINO

Aniversarios de boda

- 1 año: Bodas de Papel
- 2 años: Bodas de Algodón
- 3 años: Bodas de Cuero y/o Piel
- 4 años: Bodas de Lino
- 5 años: Bodas de Madera.
- 6 años: Bodas de Hierro
- 7 años: Bodas de Lana
- 8 años: Bodas de Bronce
- 9 años: Bodas de Barro
- 10 años: Bodas de Aluminio
- 11 años: Bodas de Acero
- 12 años: Bodas de Seda
- 13 años: Bodas de Encaje
- 14 años: Bodas de Marfil
- 15 años: Bodas de Cristal

- 20 años: Bodas de Porcelana
- 25 años: Bodas de Plata
- 26 años: Bodas de Sándalo
- 27 años: Bodas de Cromo
- 28 años: Bodas de Frutas
- 29 años: Bodas de estaño
- 30 años: Bodas de Perla
- 35 años: Bodas de Coral y/o Jade
- 40 años: Bodas de Rubí
- 45 años: Bodas de Zafiro
- 50 años: Bodas de Oro
- 55 años: Bodas de Esmeralda
- 60 años: Bodas de Diamante
- 65 años: Bodas de Platino
- 75 años: Bodas de Brillantes
- 80 años: Bodas de Roble
- 90 años: Bodas de Granito

Cuando los aniversarios se convierten en una ocasión especial y un acto social, normalmente los preparan personas allegadas al homenajeado: su pareja, un hijo o un hermano. Esas personas, además de organizar el evento, suelen preparar un regalo especial o algunos detalles agradables para la fiesta, entre los que puede encontrarse el proponer un brindis a los asistentes o decir unas pocas palabras en nombre de todos al cumpleañero. Normalmente se deciden a hacerlo antes o después de los postres o del consabido pastel con velas. Si usted está leyendo estas líneas, seguramente se encuentra en esta situación. En tal caso, recuerde asistir con la vestimenta adecuada al evento, ya que muchos se fijarán en usted y asociarán su imagen con la de la fiesta y con la persona a la que usted piensa agasajar. Debe ser fiel a su estilo, pero pulcro y más o menos formal o festivo, según el entorno en el que se desenvuelva.

También puede preparar con anterioridad su discurso o brindis en casa, pero lo mejor es no llevarlo escrito, para evitar caer en la tentación de leerlo en voz alta. En estas ocasiones se valora más la espontaneidad y la naturalidad, a diferencia de otras más ceremoniosas, como las bodas o funerales.

Pocos son los casos en los que el protagonista es, además, el organizador. Pero, si éste es su caso, quiere proponer un brindis, o teme enfrentarse sin más a la temida petición popular de decir unas palabras, recuerde que la vanidad hasta hace poco era un pecado capital e intente ser breve y sincero.

Tenga tacto, pues con el transcurrir de los años hay recuerdos que pueden provocar cierta melancolía. Intente evitarlos y hablar exclusivamente del pasado. Céntrese en cosas positivas, como el valor de la experiencia o el tiempo que queda por delante para disfrutar de la vida.

Todos estos consejos generales son aplicables también en el caso de los reencuentros. Los reencuentros son celebraciones más auténticas y espontáneas, quizás debido a que la asistencia no depende tanto del compromiso o la tradición. Nos referimos por ejemplo a reuniones familiares de primos o hermanos que no se pueden ver con regularidad, o a fiestas de promociones escolares, universitarias, etc. Si éstas son frecuentes o periódicas, los discursos o brindis no son tan notorios como en las ocasiones excepcionales. Normalmente el anfitrión u organizador es quien dice unas palabras, aunque también puede haber parlamentos de alguien que quiera destacar algo en concreto.

Las claves

- Normalmente los parlamentos se realizan antes o después de los postres o del consabido pastel con velas.
- Tenga tacto, pues hay recuerdos que pueden provocar cierta melancolía.
- Para dar un mensaje más positivo, evite hablar sólo del pasado. Puede recurrir al valor de la experiencia o al futuro que hay por delante.

Ejemplo 1

Bodas de plata.

Querida familia y amigos. Berta y yo cumplimos 25 felices años de casados y por eso hemos querido volver a celebrar nuestros votos. Es una gran satisfacción poder contar con los que los que ya estuvisteis en nuestra boda y nos llena de alegría y emoción ver a nuestros hijos y sobrinos entre nosotros.

Veinticinco años son muchos, pero han pasado muy deprisa. Tengo que decir que nos sentimos como ayer, incluso mejor, más jóvenes. Tenemos salud y buen aspecto, hemos mejorado como personas, como padres, como pareja… y, ¡cielos!, nunca he mentido mejor… Pero lo que de verdad me importa no es el tiempo transcurrido, sino, como dijo Woody Allen, «el futuro, porque allí es donde voy a pasar el resto de mi vida». Una vida que espero compartir día a día con esta mujer maravillosa, que me regala sus días y me hace sentir el hombre más afortunado de la Tierra.

Propongo un brindis por Berta, por nuestras futuras bodas de oro ¡y para que todos podáis celebrarlas con nosotros!

> El hombre es esencialmente un ser social;
> con mayor razón, se puede decir
> que es un ser familiar.
> JUAN PABLO II

Ejemplo 2

Bodas de de oro.

Ingrid Bergman, la protagonista de películas tan maravillosas como Casablanca *o* Encadenados, *dijo en una ocasión que «envejecer es como escalar una gran montaña: mientras se sube, las fuerzas disminuyen, pero la mirada es más libre; la vista más amplia y serena».*

Creo que de alguna manera nuestro matrimonio ha llegado a este punto y lo aprecio mucho y lo disfruto a cada instante. Paco, cada día contigo es una vida, y si viviera mil años, siempre volvería a casarme contigo.

Cariño, hoy mantengo la ilusión de una recién casada y tengo muchas ganas de empezar cada mañana con el placer de un beso y una caricia tuyos.

¡Por nuestro matrimonio! ¡Por mi amado marido!

> Esperar una felicidad demasiado grande es un obstáculo para la felicidad.
> BERNARD LE BOUVIER DE FONTENELLE

Ejemplo 3

Un hijo en las bodas de diamante de sus padres.

Estamos hoy aquí para celebrar el sesenta aniversario de la boda mis padres. Apuesto a que muchos quisieran saber cuál es el secreto de un matrimonio tan bien avenido durante tanto tiempo...

Precisamente hace unos días se lo pregunté a mis padres, y ¿saben qué me respondieron? ¡Que si me lo decían dejaría de ser un secreto!

En fin, supongo que no hay fórmulas mágicas, pero lo que es cierto es que esta pareja se merece celebrarlo por todo lo alto. Como hijo puedo decir que me siento orgulloso de ellos por el amor y la seguridad que me han dado y las oportunidades que han puesto a mi alcance. En un mundo que va tan deprisa y en el que nada parece ser duradero, ellos siempre serán mi inspiración para enfrentarme a la vida.

Hoy os propongo que paremos los relojes, no miremos al pasado ni al futuro, sino que rescatemos el espíritu de amor e ilusión que siempre ha unido a Paco y Berta. Hoy toca pasarlo bien y celebrarlo.

¡Por Juan y Milagros!

> Amar a la madre de sus hijos es lo mejor que un padre puede hacer por sus hijos.
> THEODORE HESBURGH

Ejemplo 4

Un hijo en el 75º cumpleaños de su padre.

Hoy nos encontramos aquí para celebrar el 75º aniversario de Francisco, mi padre. Gracias a todos por venir, en especial a los que venís de fuera; sin

vosotros esta fiesta sorpresa no sería un éxito. La cara que ha puesto mi padre al vernos no tiene precio.
Papá, creo que hablo en nombre de todos si digo que contigo da gusto celebrar cualquier aniversario, los 30, los 50, los 75 o los 76, da igual. Da gusto porque eres un buen amigo, un buen marido, un buen padre y... ¡vamos, que eres y estás buenísimo a los 75!
¡Por ti y por muchos años más!

> El cuarenta por ciento de la felicidad depende de los genes.
> LUIS ROJAS MARCOS

Ejemplo 5

Un compañero a otro que lleva 25 años en una organización.

Señoras y señores. Para mí es un placer poder celebrar hoy los 25 años de Francisco Álvarez en nuestra organización. Paco no sólo ha sido uno de los socios fundadores y presidente durante cinco años, sino que es además una excelente persona y un buen amigo. Gracias al compromiso que ha demostrado con la causa hemos podido conseguir estas instalaciones y el reconocimiento ante las autoridades municipales.
Paco, todos queremos agradecerte tu labor y compañerismo durante estos años. Esperamos que sean de tu agrado unos pequeños detalles que queremos regalar-

te, pero antes me gustaría que brindáramos por ti y estos 25 años. ¡Por nuestro amigo Paco!

> Lo malo del amigo es
> que nos dice las cosas desagradables
> a la cara; el enemigo las dice a nuestras
> espaldas, y como no nos enteramos,
> nada ocurre.
>
> LOUIS CHARLES ALFRED DE MUSSET

Ejemplo 6

Réplica del compañero que lleva 25 años en la organización.

Gracias, Emilio Teixeira. Gracias a todos. Para mí también es un motivo de orgullo poder celebrar estos 25 años en la organización. Podéis considerarme un hombre valioso, pero la verdad es que, si he permanecido todo este tiempo aquí, el mérito no es sólo mío sino también de vosotros y de todos los que han colaborado con la organización en algún momento.

Para mí esta afición siempre ha sido algo más, una pasión vital. Puedo decir que no todo han sido buenos momentos, incluso pensé en abandonar, pero me alegro de haber permanecido. Puedo haber aportado mucho al club, pero él me ha aportado más y confío que pueda seguir siendo así durante muchos años. ¡Un brindis por la organización y por mis compañeros!

Ejemplo 7

Reencuentro de hermanos y primos.

Querida familia, hermanos, cuñados y sobrinos. Para mí es importante decir unas palabras en un día tan especial. Cuando el año pasado unos cuantos pensamos en organizar este encuentro, creo que no imaginábamos tener tantísimo éxito. Conseguir reunir a los diez hermanos Corzo, sus mujeres e hijos ha sido una tarea logística y organizativa importante, pero ha valido la pena.

Ha llovido mucho desde que nuestros padres nos animaran a abandonar Córdoba para buscarnos un futuro mejor. Ojalá pudieran estar aquí hoy con nosotros. Pienso que se sentirían orgullosos al saber que siempre hemos mantenido el contacto aunque nos encontráramos en Madrid, Cataluña, el País Vasco o el extranjero. No todos han podido venir hoy, pero la mayoría estamos aquí reunidos para pasar unos días en esta magnífica casa rural. Espero que sea un encuentro memorable y una experiencia enriquecedora, incluso para los primos que apenas os conocéis.

¡Por nosotros y nuestras familias!

> La familia es base de la sociedad y el lugar donde las personas aprenden por vez primera los valores que les guían durante toda su vida.
> JUAN PABLO II

Ejemplo 8

Reencuentro informal de una promoción escolar.

Quisiera empezar esta reunión de la promoción del 92 con un pequeño discurso y un brindis... Dicen que no importa cuánto envejezca una, que una verdadera amiga de toda la vida siempre nos verá como aquella niña con trenzas. ¡Es verdad! Hemos cambiado mucho desde entonces, nuestras conversaciones han ido cambiando: primero fueron los novios, luego los estudios superiores, los viajes, los trabajos, las hipotecas, los pañales, los colegios... En poco más de quince años hemos cambiado mucho, más de lo que cambiaremos en el resto de nuestras vidas. Pero, por un instante, he vuelto a ver a Victoria con sus gafas de pasta marrón, a Ana con su guitarra, a Georgina con su fobia a los insectos, a Gloria con sus reivindicaciones feministas... Gracias a todas por estar aquí. A veces, volver al pasado es la mejor manera de reafirmarse en el futuro.

Y ahora os propongo un juego: volver a tener, por una noche, dieciocho años. Aprovechar y beber, comer, disfrutar y reír. Brindemos: ¡Por la promoción de las amigas para siempre, Cobi, la Expo y las Olimpiadas! ¡Salud!

> Los amigos que tienes y cuya amistad
> ya has puesto a prueba, engánchalos
> a tu alma con ganchos de acero.
> WILLIAM SHAKESPEARE

Ejemplo 9

Reencuentro de una promoción de estudios superiores.

Para mí es un honor poder celebrar hoy el décimo aniversario de nuestra primera promoción. Muchas gracias a todos los que habéis acudido y hecho posible este evento. Un evento que no sólo permitirá retomar antiguos contactos, quizás perdidos, sino también cotejar situaciones y experiencias en nuestro sector. Un sector que ha experimentado cambios radicales estos últimos años (a, b y c) *y que se enfrenta a un futuro incierto, marcado por* (uno, dos y tres).

Gracias a todos por haber venido y espero que disfrutéis del piscolabis y de esta jornada.

> Si queréis formar juicio acerca de un hombre, observad quiénes son sus amigos.
>
> FRANÇOIS FÉNELON

Navidades y fin de año

«Vuelve a casa por Navidad» es una de las típicas frases de esa época del año, en la que se reencuentran familiares que mantienen un contacto diario, pero también otros que viven más alejados. Son unas fechas muy especiales, en las que la ilusión de los más pequeños se mezcla con los buenos propósitos de los mayores. Unas celebraciones para las que siempre vale la pena arreglarse un poco, aunque sin exagerar. También son propicias para dirigir unas palabras a la familia o anunciar buenas noticias (futuras bodas, embarazos, ascensos, etc.) Deben ser unas fiestas alegres y positivas, por lo que hay que evitar mencionar temas desagradables, ausencias sentidas o alusiones melancólicas. Un buen recurso es enumerar los sucesos agradables que han tenido lugar a lo largo

del año y expresar nuestros buenos deseos para el siguiente. Normalmente no se pronuncian grandes discursos, sino breves brindis a cargo del anfitrión. En las fechas navideñas se hacen a la hora de los postres y, en Nochevieja o Año Nuevo, antes o después de las campanadas, según se quiera despedir el año o festejar el nuevo.

Las claves

- Las fechas navideñas son propicias para dirigir unas palabras a la familia y anunciar buenas noticias (futuras bodas, embarazos, ascensos, etc.).
- Un buen recurso es enumerar los sucesos agradables que han tenido lugar a lo largo del año y expresar nuestros buenos deseos para el siguiente.

Ejemplo 1

Nochebuena en familia.

Esta noche me toca pronunciar el tradicional brindis familiar de Nochebuena. Como soy la más pequeña, llevo años evitándolo, pero no he podido escaparme por más tiempo. Como además de ser la más joven también soy la única soltera, aprovecharé la ocasión para defenderme y aclararos a todos que ¡no, todavía no tengo novio! No me lo preguntéis mil veces, por favor. Pero tranquilos, que ya os avisaré cuando eso suceda.

De hecho lo he intentado hoy mismo, por eso he llegado tarde. Veréis, esta mañana, he recibido uno de esos sms navideños. Dejar que saque mi móvil para leéroslo, quizás alguien ha recibido el mismo... Sí, aquí está: «Si un hombre Gordo y vestido de rojo te mete en un saco, no te preocupes, es que alguien pidió un tesoro». Así que, tonta de mí, me he quedado en la parada del autobús esperando a que alguien me raptara para llevarme al lado de mi príncipe azul... Como podéis comprobar, estoy aquí....

Pero, como quiero que me felicitéis de todas maneras, tengo otra estupenda noticia que daros: ¡me han ascendido esta semana!

Bueno, familia, sois estupendos y es un placer estar aquí para celebrar una Navidad más. Espero que el año que viene sea tan bueno como éste para todos nosotros. ¡Salud!

Ejemplo 2

Navidad con la familia al completo.

Atención, todos. Este año me gustaría proponer un brindis especial. Hacía mucho tiempo que no veía a todos mis hijos alrededor de la misma mesa. Gracias a Esteban y Marguerite, que han venido desde Indonesia con la pequeña Hélène para compartir nuestra mesa. También a todos los demás: a Jorge, Esther, Pablo, Miriam y los niños, a la tía Matilde y a mi suegra Lucía. La familia es algo fundamental en la vida y me siento afortunado de sentirme querido y poder corresponderos. Espero que hayáis disfrutado de esta comida y que hagáis lo mismo en la sobremesa. Confío en que podamos seguir celebrándolo durante muchos años. ¡Feliz Navidad para todos!

> Quienes hablan contra la familia no saben lo que hacen, porque no saben lo que deshacen.
> GILBERT KEITH CHESTERTON

Ejemplo 3

Nochevieja con noticia inesperada.

Antes de que se atragante alguien con las uvas, empecéis a contestar al móvil o a desfilar para salir a celebrarlo con los amigos, me gustaría anunciaros una noticia y brindar. En primer lugar, este año hay que despedirlo como se merece, ya que han pasado muchas cosas buenas: mamá se operó con éxito, papá se ha prejubilado y Óscar y Natalia han tenido un niño precioso. Y, en segundo lugar, aunque aún no tenemos fecha, Inés y yo ¡hemos decido casarnos! ¡Por una Nochevieja inolvidable y un nuevo año fenomenal!

> El lugar donde nacen los niños y mueren los hombres, donde la libertad y el amor florecen, no es una oficina ni un comercio ni una fábrica. Ahí veo yo la importancia de la familia.
>
> GILBERT KEITH CHESTERTON

Ejemplo 4

Uno de enero, el primer convite en casa.

Hoy es la primera vez que os invito a comer en casa y estoy un poco nerviosa. Espero que hayáis disfrutado de la comida (que me ha salido mejor de lo que esperaba) y, sobre todo, de la compañía.

Papás, os estoy agradecida por haber apoyado mi emancipación desde el primer día y haberme ayudado con los detalles del alquiler y el mobiliario. Éste va a ser el primer año que viva sola, y os echaré mucho de menos a vosotros y a mi hermana pequeña. Pero sé que va a ser un año genial y quisiera hacer un brindis por mi estupenda familia y un año nuevo lleno de amor, salud y prosperidad. ¡Chinchín!

Ejemplo 5

Seis de enero con los nietos.

Querida familia, voy teniendo una edad en la que no sé si seguiré aquí el año que viene, así que dejar que diga unas palabras. Tranquilos, que me encuentro fenomenal y me siento como un crío, de espíritu, claro. Sólo quiero deciros que os quiero mucho y desearos que seáis felices por encima de cualquier cosa, y que tengáis salud y amor para celebrarlo. ¡Ah! Y que espero que, esta tarde, Nacho me deje jugar con el tren eléctrico que le han traído los Reyes.

¡Por todos nosotros y para que podamos celebrar muchos Reyes más!

Los únicos goces puros y sin mezcla de tristeza que le han sido dados sobre la tierra al hombre son los goces de familia.

GIUSEPPE MAZZINI

7. Despedidas y separaciones

Hay ocasiones en la vida en las que debemos ausentarnos o abandonar nuestro entorno más inmediato, dejando atrás amistades y/o familiares. Me refiero a cambios de residencia, jubilaciones o cambios de trabajo que interrumpen el trato diario con los compañeros, divorcios que deben explicarse a la familia política o a terceros, retiros médicos o voluntarios, etc.

Estas rupturas suelen ser delicadas y afectar tanto a quien se va como a quien se queda. A la amargura de la separación siempre se le suma la esperanza del contacto indirecto o el reencuentro, pero hemos de saber escoger bien nuestras palabras para no dejar un sabor agridulce entre los presentes, sino el buen recuerdo de las experiencias compartidas.

Estas ocasiones suelen celebrarse con actos informales y poco ceremoniosos, aunque se observen algunas costumbres, como cierto tipo de regalos en las jubilaciones. El protagonista o los más allegados suelen preparar una comida o una cena para dar a conocer la nueva situación. No suele haber recomendaciones especiales respecto a la vestimenta, más allá de observar las habituales para otro tipo de eventos: si se trata de una reunión con invitados importantes o es estrictamente familiar, de tarde o noche, etc.

Nuestro discurso podrá variar enormemente dependiendo del tipo de despedida que sea, oscilando entre la pesadumbre de situaciones delicadas como un divorcio hasta los comentarios jocosos sobre quien acaba de comenzar su jubilación. De todas maneras, los parlamentos suelen tener un carácter menos cumplido y más espontáneo que en otras celebraciones, como bodas y funerales. También son más breves. No es aconsejable alargarse demasiado agradeciendo la asistencia o dando explicaciones sobre los motivos de la separación; al fin y al cabo, la asistencia no es obligada y nuestra decisión ya ha sido tomada a nivel íntimo y personal.

> La vida es ciervo herido que las flechas
> le dan alas.
> LUIS DE GÓNGORA Y ARGOTE

Las claves

- Recordar el motivo de la reunión de forma breve y clara.
- Mencionar los buenos momentos compartidos y desear un feliz futuro.
- Evite alargarse demasiado con explicaciones, ajustar cuentas del pasado o criticar a terceros.

Ejemplo 1

Cambio de residencia, en una cena con amistades.

Amigos, amigas, pido un momento vuestra atención. Como ya anunciamos hace un tiempo, y todos sabéis, Martín y yo nos mudamos a Londres la semana que viene. A Martín lo han contratado por tres años y hay ciertas posibilidades de que nos quedemos allí definitivamente, así que no ha sido una decisión fácil. Os echaremos mucho de menos a todos, de verdad. Una buena amistad es algo que no se encuentra fácilmente. Eso sí, os amenazamos con volver durante las vacaciones, y pensar que ¡por fin tenéis casa en Londres! Podéis venir a vernos cuando queráis, sólo tenéis que escribir un e-mail o llamarnos.

Quisiera proponer un brindis por vosotros, que sois unos estupendos amigos... No sé cómo os las vais a arreglar sin nosotros... Seguro que ya no quedaréis, ni nada de todo eso, porque nos va a dar mucha rabia perdérnoslo... De todas maneras, esperamos que sigáis igual de guapos, fantásticos y maravillosos. ¡Salud!

Ejemplo 2

Un jubilado, a sus compañeros y amigos.

Bueno, si insistís tanto, tendré que decir unas palabras. Primero, muchas gracias por esta comida sorpresa y los regalos. Segundo, parar de ponerme vino, que no vais a conseguir emborracharme. Y tercero, advertiros que la semana que viene os escribiré a todos un e-mail desde la playa para recordaros lo duro que es trabajar los meses de verano... La verdad es que no sé qué decir. A pesar de haber estado tachando los días desde hace un año (todos habéis vivido mi cuenta atrás), creo que aún tardaré en acostumbrarme. A vosotros os echaré de menos: a Natalia, con sus tacones, a Maribel, con su correo, a Nacho, con sus encargos urgentes, incluso a Pedro y sus listas de tiquetes y de tarjetas visa, y sobre todo al jefe y sus «pero si esto se hace en un momentito»... ¡No sabéis la suerte que tenéis los que seguís trabajando!

Espero y deseo que no perdamos el contacto. Si queréis cualquier cosa, ya sabéis dónde estoy. Si es algo de trabajo, no abusar, ¿vale?, pero si es para una cena o similar, no dejéis de llamarme.

¡Por vosotros!

> No os toméis la vida demasiado en serio;
> de todos modos no saldréis vivos de ésta.
> BERNARD LE BOUVIER DE FONTENELLE

Ejemplo 3

Una pareja comunica su divorcio.

Papá, mamá, hermanos. Hemos preparado esta comida para comunicaros que Martín y yo nos divorciamos. Queríamos decíroslo a todos juntos porque no queremos pasar por este trámite más veces de las necesarias y tampoco que unos se enteren antes que otros. No es ningún secreto que desde hace mucho tiempo las cosas no funcionan bien entre nosotros. Estamos sufriendo y cada vez nos hacemos más daño, así que hemos tomado esta decisión irrevocable por el bien de ambos.

Queremos que quede claro que no es una separación temporal, sino un divorcio definitivo y que esperamos que respetéis nuestra decisión y nuestra vida privada. Es un gran cambio y nos enfrentamos a una situación en la que no sabemos cómo nos vamos a desenvolver. Confiamos tener vuestro apoyo, como siempre, para recuperar la ilusión y la felicidad.

> El divorcio es un camino hacia la felicidad.
> LUIS ROJAS MARCOS

Ejemplo 4

Comunicado de un retiro por cuestiones *de salud.

Señoras y señores. Por el presente comunicado queremos informarles que don Aitor Etxeberría, actual vicepresidente de Compañía S.A., deja su cargo por motivos de salud durante un período no inferior a dos meses. En adelante, Gonzalo Meneses, será el nuevo vicepresidente en funciones y a él podrán dirigirse para las gestiones habituales. Junto a su familia, agradecemos de antemano su colaboración y atención* *hacia el señor Etxeberría, a quien todos deseamos una pronta recuperación.*

* Siempre que el afectado haya dado su consentimiento, es recomendable especificar la causa de la baja de forma escueta. Eso evitará los rumores, las informaciones contradictorias o tener que dar explicaciones posteriores.

> La vida es dos pasos adelante y uno atrás.
> ORIOL BOHIGAS

8. Funerales

El fallecimiento de un ser querido es siempre una situación dolorosa. Sin duda, el funeral es una de las reuniones familiares y sociales más embarazosas y nadie lo afronta con gusto. Sin embargo, es una celebración de obligada asistencia. Salvo causa de fuerza mayor, nadie puede rechazar asistir a un funeral, y mucho menos si ha sido explícitamente invitado. Además, la puntualidad debe ser rigurosa en esta clase de evento.

En todo momento se intentará guardar la compostura. Hay culturas en las que un velatorio o un funeral son actos muy íntimos, estrictamente familiares, donde reina el silencio, las muestras de dolor y algunas prácticas religiosas tradicionales. En otras culturas, familias o circunstancias, la actitud puede ser más relajada, incluso manifestarse en una reunión social de cierta envergadura. Sea como sea, la actitud correcta es mantener la seriedad y el respeto. Aunque haga tiempo que no ve a alguien, o por muchas ganas que tenga de pasar página al sufrimiento, éste no es el momento de alegrías, cotilleos o bromas. Para ello siempre habrá otras ocasiones.

Respecto a la vestimenta, puede haber cierta confusión. El luto riguroso o el uso de mantillas, velos, guantes o sombreros ya no son tan frecuentes, aunque aún se pueden ver. De todas maneras, la discreción es la clave. Nada de colores llamativos, escotes, minifaldas u ostentación de joyas. La sencillez y los colores oscuros, que pueden combinarse con algo claro, son siempre una buena elección.

En cuanto a los discursos que se pueden pronunciar en este tipo de ocasiones, hay que empezar diciendo que serán muy diferentes al resto de eventos expuestos en este libro. En este trance tan difícil, no suele haber brindis al final y los parlamentos son breves, de un minuto o poco más. La emoción suele ahogar las palabras en la garganta y el llanto acude con facilidad. Por ello, aunque se haya elaborado y preparado en casa, se acepta de forma gene-

ral que se lleve un discurso escrito para leerlo en voz alta sin prestar mucha atención a los asistentes. Muchas veces los responsables de decir unas palabras son amigos o familiares no muy cercanos, ya que los más allegados suelen estar demasiado afligidos para hablar en público. Es más, en muchos funerales no hay ni siquiera discursos. El evento suele dejarse en manos de un profesional contratado, ya sea civil o religioso, y no hay ninguna otra intervención personal.

Si por desgracia, en su caso, ha sido elegido para decir unas palabras, o bien desea hacerlo, recuerde que el protagonista siempre es el difunto. A pesar de que quiera arropar a los que sufren su pérdida y les dedique unas palabras de apoyo, ellos no son el motivo de la celebración. Éste es él último acto en el que esta persona estará presente de forma significativa, no participativamente, pero sí a un nivel espiritual o emotivo. Respete en todo momento su idiosincrasia; por ejemplo, aunque usted sea creyente, no dé mensajes religiosos si el fallecido no los compartía, y viceversa. Escoja las palabras con tacto y mantenga un equilibrio: no se trata de intentar hacer reír, pero tampoco de ser dramáticos. Puede escoger un poema o una canción para comenzar o finalizar, en especial si eran del agrado del fallecido. Como en otras ocasiones, lo más recomendable es recurrir a los propios recuerdos y sensaciones o hablar con sus allegados para construir un retrato en el que se destaquen las cualidades humanas de la persona. Recuerde todas las facetas del difunto: a nivel personal (hable de valores como la sinceridad, la generosidad o la constancia, y de aficiones destacables, como la práctica de algún deporte de competición, etc.); familiar (hable de su perfil como hijo, madre, abuelo, hermano, etc.); social (hable de cómo era con sus amistades, qué papel ocupaba en su comunidad, los actos sociales que hizo, etc.) y laboral (hable de cómo era como compañera o jefe en el trabajo, los logros que consiguió, etc.).

Evite excederse en las cualidades positivas del fallecido, en especial si el difunto era una persona de carácter difícil. Sea realista; al fin y al cabo, su discurso debe ser creíble y reconocible por todos los asistentes. Tampoco caiga en la tentación de recurrir a los tópicos mal interpretados como «no somos nadie», «siempre se van los mejores» o «ayer se le veía tan lleno de vida… si por lo menos lo hubiéramos visto venir», «era mayor y ya lo había vivido todo». Aunque puede contar alguna anécdota para rebajar el nivel de tensión del momento, nunca pretenda hacer reír a los asistentes, y, por supuesto, nada de alargarse contando las batallitas vividas con el difunto. Tampoco dé el protagonismo a sus familiares «que tanto lo querían» o «se ha sacrificado por él durante su larga enfermedad». Asimismo es desaconsejable compararlo con otras muertes o funerales, dar consejos sobre cómo sobrellevarlo, intentar minimizar la situación o hablar de un tema radicalmente distinto.

Como en otras ocasiones, también puede agradecer a los asistentes su presencia. Y en momentos tan solemnes como éstos, las pausas y un ritmo reposado al hablar son especialmente adecuados. Para finalizar, sustituyendo al brindis, puede despedirse invitando a compartir un minuto de silencio o una oración.

Por último, si simplemente desea dar el pésame, una frase escueta y sencilla como «Mi pésame», «Estamos muy apenados» o «Mucho ánimo», será suficiente.

Las claves

- Se acepta de forma general que se lleve un discurso escrito para leerlo en voz alta sin prestar mucha atención a los asistentes.
- Recuerde que el protagonista siempre es el difunto y respete en todo momento su idiosincrasia.
- Las pausas y un ritmo reposado al hablar son especialmente adecuados.
- Puede despedirse invitando a compartir un minuto de silencio o una oración.

Ejemplo 1

Tras una larga enfermedad del difunto.

Gracias a todos por estar hoy aquí. No sé si seré capaz de acabar este discurso sin emocionarme demasiado, pero voy a intentarlo porque Carolina se merecía una despedida personal, familiar y cariñosa. Espero que la serenidad y tranquilidad con la que afrontó su enfermedad y sus últimos días me hayan transmitido la fuerza suficiente. Fue una buena persona hasta el final, una hermana comprensiva y una hija cariñosa. Su coraje en la lucha contra la enfermedad y su vitalidad serán siempre un ejemplo a seguir por todos nosotros. Para despedirla, leeré a continuación un poema y os pido que, al acabar, compartamos un minuto de silencio, en el que cada uno podrá decirle lo quiera desde dentro.

> La muerte siempre es temprana y
> no perdona a ninguno.
> PEDRO CALDERÓN DE LA BARCA

Ejemplo 2

Un hijo para un padre con el que no tenía buena relación.

Estos momentos son difíciles para mi familia y queremos agradeceros todo vuestro apoyo y presencia. Sabemos que habéis venido por nosotros. Mi padre

era una persona anciana, había sobrevivido a una guerra, a una dictadura, a sus amigos, a su mujer e incluso a una hija. Mi padre era además una persona con un carácter difícil, que en los últimos años se había acentuado, aislándose casi por completo de los demás.
Pero era y será siempre mi padre y a él debo muchos recuerdos de mi infancia. Una niñez que recuerdo en la lejanía, pero con amor y ternura. Fue un hombre sencillo, un marido y un padre responsable, que siempre quiso que su familia prosperase y nos animó hasta conseguirlo. Mario tenía un carácter fuerte y decidido, pasional. Nunca dio grandes discursos ni fue muy expresivo. Fue un hombre de su tiempo al que la vida no trató muy bien. Nadie es perfecto pero fue mi padre y a él le debo todo lo que tengo. Por eso, esta mañana, estoy aquí para honrar su memoria, para demostrar agradecimiento y despedirnos de él con afecto.
Os ruego un minuto de recogimiento y silencio para honrar su memoria.

Ejemplo 3

En representación de la familia.

Familiares, amigos, amigas y todos los presentes. Hoy nos encontramos aquí para despedir a Rosario Fernández Moliner, Charo Moliner, como muchos la conocían. Su marido, Ramón Manrique, me ha pedido, como amigo íntimo suyo, que os trasmita unas palabras en nombre de su familia y en el suyo propio.

Ante todo, gracias por asistir y por las condolencias y muestras de apoyo recibidas estos últimos días. Gracias especialmente al ministro del Gobierno, al presidente de la Federación Nacional y al resto de personalidades destacadas por estar hoy entre nosotros, tanto a título personal como en su condición de representantes públicos y visibles de la estima popular hacia la figura de Rosario. Gracias a todos y cada uno de los asistentes. Para Charo sería un honor y una satisfacción comprobar que su familia se encuentra tan arropada en este duro trance.

Charo Moliner se ha ido para siempre pero su obra sigue con nosotros y pasará de generación en generación. El canto y la música fueron sus grandes pasiones desde la infancia y con ellos creció hasta convertirse en una estrella de fama internacional. Ahí están sus canciones, sus álbumes, sus clubes de seguidores….Pero, por encima del murmullo de esta banda sonora, para la familia fue más mucho más: una hija atenta y trabajadora, una esposa cariñosa y diligente, una madre responsable y ejemplar. Los que la conocíamos bien sabíamos de su talento, su disciplina, su generosidad y su gran sentido del humor. De ella heredamos sus ganas locas por vivir, por disfrutar cada momento al máximo, sin complejos. Charo era como el mar, que tantas veces mencionaba en su obra: impredecible, respetada, admirada, arrebatadora y conciliadora. Dejar que termine con unos versos de una de sus canciones: «La barca ya no está, pero la marea viene y va. El sol en la mirada, la sal en los labios y el oleaje en la memoria. La barca ya no está, pero la marea viene y va…»

> Lo mismo es nuestra vida que una comedia; no se atiende a si es larga, sino a si la han representado bien. Concluye donde quieras, con tal de que pongas buen final.
>
> LUCIO ANNEO SÉNECA

Ejemplo 4

Unas palabras en memoria, en otro tipo de celebración.

Estimados amigos y familiares. Antes de continuar con nuestra celebración, quisiera decir unas palabras en memoria de Juan, fallecido recientemente y que, no me cabe duda, todos tenemos presentes en un día como éste. Juan fue para muchos de nosotros un maestro, un modelo a seguir de trabajo, constancia, coraje y sensatez. Era además una persona amada y respetada, extrovertido, cordial, detallista y fiel a sus amigos. En honor a su memoria, propongo que guardemos todos unos instantes de silencio. Gracias por vuestra atención.

9. Material de apoyo

Amistad

Escribe en la arena las faltas de tu amigo. PITÁGORAS DE SAMOS (582 A. C.-497 A. C.), filósofo y matemático griego.

El amigo de todo el mundo no es un amigo. ARISTÓTELES (384 A. C.-322 A. C.), filósofo griego.

La amistad es un alma que habita en dos cuerpos; un corazón que habita en dos almas. ARISTÓTELES.

Algunos creen que para ser amigos basta con querer, como si para estar sano bastara con desear la salud. ARISTÓTELES.

El amigo es otro yo. Sin amistad el hombre no puede ser feliz. ARISTÓTELES.

Un hermano puede no ser un amigo, pero un amigo será siempre un hermano. Demetrio de Falero (350 a. C.-280 a. C.), orador, filósofo y gobernante ateniense.

Amistad que acaba, no había comenzado. Publio Siro (siglo I a. C.), poeta dramático romano.

El infortunio pone a prueba a los amigos y descubre a los enemigos. Epicteto de Frigia (50-135), filósofo grecolatino.

*Reprende al amigo en secreto y alábalo en público.*Leonardo Da Vinci (1452-1519), pintor, escultor e inventor italiano.

Cambia de placeres, pero no cambies de amigos. Voltaire (1694-1778), filósofo y escritor francés.

La amistad duplica las alegrías y divide las angustias por la mitad. Francis Bacon (1561-1626), filósofo y estadista británico.

El amigo ha de ser como la sangre, que acude luego a la herida sin esperar a que le llamen. Francisco de Quevedo y Villegas (1580-1645), escritor español.

Es amigo mío aquel que me socorre, no el que me compadece. Thomas Fuller (1610-1661), clérigo y escritor británico.

El mejor medio de conservar los amigos es no pedirles ni deberles nada. François de La Rochefoucauld (1613-1680), escritor francés.

Tómate tiempo en escoger un amigo, pero sé más lento aún en cambiarlo. BENJAMIN FRANKLIN (1706-1790), estadista y científico estadounidense.

Hay tres amigos fieles: una esposa anciana, un perro viejo y dinero contante y sonante. BENJAMIN FRANKLIN.

Si nuestros amigos nos hacen favores, pensamos que nos los deben a título de amigos, pero no pensamos que no nos deben su amistad. MARQUÉS DE VAUVENARGUES (1715-1747), moralista francés.

A las personas les interesa nuestro destino exterior; el interior, sólo a nuestro amigo. HEINRICH WILHELM VON KLEIST (1777-1811), dramaturgo alemán.

La única manera de hacer un amigo es serlo. RALPH WALDO EMERSON (1803-1882), poeta y pensador estadounidense.

Ve a menudo a la casa de tu amigo, pues la maleza prolifera en un sendero no recorrido. RALPH WALDO EMERSON.

Los verdaderos amigos se tienen que enfadar de vez en cuando. LOUIS PASTEUR (1822-1895), químico y microbiólogo francés.

El falso amigo es como la sombra que nos sigue mientras dura el sol. CARLO DOSSI (1849-1910), escritor italiano.

Un amigo es una imagen que tienes de ti mismo. ROBERT LOUIS STEVENSON (1850-1894), escritor británico.

Un amigo es uno que lo sabe todo de ti y a pesar de ello te quiere. Elbert Hubbard (1856-1915), ensayista estadounidense.

La verdadera amistad es como la fosforescencia, resplandece mejor cuando todo se ha oscurecido. Rabindranath Tagore (1861-1941), filósofo y escritor indio.

No hay mayor placer que el de encontrar un viejo amigo, salvo el de hacer uno nuevo. Rudyard Kipling (1865-1936), novelista británico.

Sólo los tontos tienen muchas amistades. El mayor número de amigos marca el grado máximo en el dinamómetro de la estupidez. Pío Baroja (1872-1956), escritor español.

Los amigos no son ni muchos ni pocos, sino los suficientes. Hugo von Hofmannsthal (1874-1929), escritor austriaco.

No busques al amigo para matar las horas, sino búscale con horas para vivir. Khalil Gibran (1883-1931), ensayista, novelista y poeta libanés.

Uno no hace amigos: los reconoce a medida que los va encontrando. Isabel Paterson (1886-1961), escritora y pensadora política estadounidense.

Un buen amigo es aquel para el cual nuestra vida no tiene secretos y a pesar de todo nos aprecia. León Daudí (1905-1985), escritor español.

La amistad es más difícil y más rara que el amor. Por eso, hay que salvarla como sea. ALBERTO MORAVIA (1907-1990), escritor italiano.

Amigos. Nadie más. El resto es selva. JORGE GUILLÉN (1893-1984), poeta español.

No escuches a los amigos cuando el amigo interior dice: ¡Haz esto! MAHATMA GANDHI (1869-1948), político y pensador indio.

Tener un amigo no es cosa de la que pueda ufanarse todo el mundo. ANTOINE DE SAINT-EXUPERY (1900-1944), escritor francés.

¡Qué raro y maravilloso es ese fugaz instante en el que nos damos cuenta de que hemos descubierto un amigo! WILLIAM ROTSLER (1926-1997), escritor estadounidense.

Los amigos son para las ocasiones, salvo en determinados círculos político-económicos, en los que las ocasiones son para los amigos. JAUME PERICH (1941-1995), humorista español.

El verdadero amigo es aquel que está a tu lado cuando preferiría estar en otra parte. LEN WEIN (N. 1948), historietista estadounidense.

El auténtico amigo es el que lo sabe todo sobre ti y sigue siendo tu amigo. KURT D. COBAIN (1967-1994), músico estadounidense.

Los amigos son como los taxis, cuando hay mal tiempo escasean. ANÓNIMO.

Buena cosa es tener amigos, pero mala tener necesidad de ellos. ANÓNIMO.

Los amigos ciertos son los probados en hechos. ANÓNIMO.

El que busca un amigo sin defectos se queda sin amigos. PROVERBIO TURCO.

Quien no buscó amigos en la alegría, en la desgracia no los pida. REFRÁN.

Amigo reconciliado, enemigo doblado. REFRÁN.

Amor

La mayor declaración de amor es la que no se hace; el hombre que siente mucho, habla poco. PLATÓN (428 A. C.-347 A. C.), filósofo griego.

*No hay hombre tan cobarde a quien el amor no haga valiente y transforme en héroe.*PLATÓN.

El amor consiste en sentir que el ser sagrado late dentro del ser querido. PLATÓN.

Se quiere más aquello que se ha conseguido con muchas fatigas. ARISTÓTELES. (384 A. C.-322 A. C.), filósofo griego.

El amor sólo se da entre personas virtuosas. ARISTÓTELES.

Mucho amor germina en la casualidad; tened siempre dispuesto el anzuelo, y en el sitio que menos lo esperáis encontraréis pesca. OVIDIO (43 A. C.-17 D. C.), poeta latino.

Ama y haz lo que quieras. Si callas, callarás con amor; si gritas, gritarás con amor; si corriges, corregirás con amor, si perdonas, perdonarás con amor. CORNELIO TÁCITO (C. 55-115), político e historiador romano.

El amor más fuerte y más puro no es el que sube desde la impresión, sino el que desciende desde la admiración. SANTA CATALINA DE SIENA (1347-1380), religiosa italiana.

Si en medio de las adversidades persevera el corazón con serenidad, con gozo y con paz, esto es amor. SANTA TERESA DE JESÚS (1515-1582), religiosa y escritora española.

Puede haber amor sin celos, pero no sin temores. MIGUEL DE CERVANTES SAAVEDRA (1547-1616), escritor español.

El amor verdadero no espera a ser invitado, antes él se invita y se ofrece primero. FRAY LUIS DE LEÓN (1527-1591), poeta, humanista y traductor español.

No hay amor sin temor de ofender o perder lo que se ama. FRANCISCO DE QUEVEDO Y VILLEGAS (1580-1645), escritor español.

El amor es la última filosofía de la tierra y del cielo. FRANCISCO DE QUEVEDO.

El amor es fe y no ciencia. Francisco de Quevedo.

Los que de corazón se quieren sólo con el corazón se hablan. Francisco de Quevedo.

Si no recuerdas la más ligera locura en que el amor te hizo caer, no has amado. William Shakespeare (1564-1616), escritor británico.

El amor es un loco tan leal, que en todo cuanto hagáis, sea lo que fuere, no halla mal alguno. William Shakespeare.

El amor consuela como el resplandor del sol después de la lluvia. William Shakespeare.

Siempre que odio y amor compiten, es el amor el que vence. Pedro Calderón de la Barca (1600-1681), dramaturgo y poeta español.

La declaración lisonjera que más agrada al amor no está en lo que se dice, sino en lo que se escapa. Ninon de Lenclos (1620-1705), cortesana francesa.

Una mujer llega a la convicción de que es amada, más por lo que adivina, que por lo que le dicen. Ninon de Lenclos.

Lo que el amor hace, él mismo lo excusa. Molière. (1622-1673), comediógrafo francés.

Cuando se quiere dar amor, hay un riesgo: el de recibirlo. Molière.

El más poderoso hechizo para ser amado es amar. BALTASAR GRACIÁN (1601-1658), escritor español.

Nunca se tiene la libertad de amar o de dejar de amar. FRANÇOIS DE LA ROCHEFOUCAULD (1613-1680), escritor francés.

El verdadero amor es como los espíritus: todos hablan de ellos, pero pocos los han visto. FRANÇOIS DE LA ROCHEFOUCAULD.

Cuando no se ama demasiado no se ama lo suficiente. BLAISE PASCAL (1623-1662), científico, filósofo y escritor francés.

El corazón tiene razones que la razón ignora. BLAISE PASCAL.

El amor es la más noble flaqueza del espíritu. JOHN DRYDEN (1631-1700), escritor inglés

El amor lo toma todo, y todo lo da. FÉNELON (1651-1715), escritor y teólogo francés.

Con frecuencia el amor, comercio borrascoso, acaba en bancarrota. CHAMFORT (1741-1794), académico francés.

Un hombre de noble corazón irá muy lejos, guiado por la palabra gentil de una mujer. JOHANN WOLFGANG GOETHE (1749-1832), poeta y dramaturgo alemán.

¡Qué sabios son aquellos que únicamente son tontos en el amor! JAMES COOK (1728-1779), explorador y navegante inglés.

Existe, en verdad, un magnetismo, o más bien una electricidad del amor, que se comunica por el solo contacto de las yemas de los dedos. FERDINAND GALIANI (1728-1787), diplomático y economista italiano.

En el amor, todas las cumbres son borrascosas. MARQUÉS DE SADE (1740-1814), escritor francés.

El amor es la única cosa de este mundo que no quiere más comprador que a sí mismo. JOHANN CHRISTOPH FRIEDRICH VON SCHILLER (1759-1805), poeta y dramaturgo alemán.

Hambre y amor mantienen cohesionada la fábrica del mundo. JOHANN CHRISTOPH FRIEDRICH VON SCHILLER.

Mientras que el corazón tiene deseo, la imaginación conserva ilusiones. RENÉ DE CHATEAUBRIAND (1768-1848), diplomático y escritor francés.

El amor no es sólo un sentimiento. Es también un arte. HONORÉ DE BALZAC (1799-1850), escritor francés.

Puede uno amar sin ser feliz; puede uno ser feliz sin amar; pero amar y ser feliz es algo prodigioso. HONORÉ DE BALZAC.

El amor es la poesía de los sentidos. HONORÉ DE BALZAC.

El amor como principio, el orden como base, el progreso como fin. AUGUSTE COMTE (1798-1857), filósofo francés.

Ir sin amor por la vida es como ir al combate sin música, como emprender un viaje sin un libro, como ir por el mar sin estrella que nos oriente. STENDHAL (1783-1842), escritor francés.

El hombre que no ha amado apasionadamente ignora la mitad más hermosa de su vida. STENDHAL.

El amor es la historia de la vida de las mujeres y un episodio en la de los hombres. GERMAINE DE STAËL (1766-1817), escritora e intelectual francesa.

Cuando el amor es feliz lleva al alma a la dulzura y a la bondad. VICTOR HUGO (1802-1885), novelista francés.

¡Cosa curiosa! el primer síntoma del verdadero amor en un joven es la timidez, en una muchacha es la audacia. VICTOR HUGO.

El amor es un ardiente olvido de todo. VICTOR HUGO.

El amor es la actividad del ocioso y el ocio del hombre activo. EDWARD GEORGE BULWER-LYTTON (1803-1873), escritor inglés.

El verdadero paraíso no está en el cielo, sino en la boca de la mujer amada. THÉOPHILE GAUTIER (1811-1872), poeta, crítico y novelista francés.

Te amo para amarte y no para ser amado, puesto que nada me place tanto como verte a ti feliz. GEORGE SAND (1804-1876), escritora francesa.

He leído en alguna parte que para amarse hay que tener principios semejantes, con gustos opuestos. GEORGE SAND.

Amad. Es el único bien que hay en la vida. GEORGE SAND.

¡Ay del hombre que quiere actuar sinceramente en el amor! GEORGE SAND.

No ames a quien no admires. El amor sin admiración sólo es amistad. GEORGE SAND.

No ser nada y no amar nada es lo mismo. LUDWIG FEUERBACH (1804-1872), teólogo y político alemán.

Amar a alguien es decirle: tú no morirás jamás. GABRIEL MARCEL (1889-1973), filósofo, dramaturgo y crítico francés.

El amor nace de nada y muere de todo. JEAN BAPTISTE ALPHONSE KARR (1808-1890), escritor francés.

El amor inspira las más grandes hazañas e impide realizarlas. ALEJANDRO DUMAS (1803-1870), escritor francés.

Ni la ausencia ni el tiempo son nada cuando se ama. LOUIS CHARLES ALFRED DE MUSSET (1810-1857), poeta francés.

Sustituir el amor propio con el amor de los demás, es cambiar un insufrible tirano por un buen amigo. CONCEPCIÓN ARENAL (1820-1893), escritora y socióloga española.

Ama un solo día y el mundo habrá cambiado. ROBERT BROWNING (1812-1889), poeta inglés.

El amor no sólo debe ser una llama, sino una luz. HENRY DAVID THOREAU (1817-1862), escritor, poeta y pensador estadounidense.

Esa necesidad de olvidar su yo en la carne extraña, es lo que el hombre llama noblemente necesidad de amar. CHARLES BAUDELAIRE (1821-1867), escritor, poeta y crítico francés.

El amor es un crimen que no puede realizarse sin cómplice. CHARLES BAUDELAIRE.

Un corazón es una riqueza que no se vende ni se compra, pero que se regala. GUSTAVE FLAUBERT (1821-1880), escritor francés.

El que ha conocido sólo a su mujer y la ha amado, sabe más de mujeres que el que ha conocido mil. LEÓN TOLSTÓI (1828-1910), *escritor ruso.*

El verdadero amor supone siempre la renuncia a la propia comodidad personal. LEÓN TOLSTÓI.

El amor es un misterio. Todo en él son fenómenos a cuál más inexplicable; todo en él es ilógico, todo en él es vaguedad y absurdo. GUSTAVO ADOLFO BÉCQUER (1836-1870), poeta español.

El amor es como el agua, si algo no lo agita, se echa a perder. ARTURO GRAF (1848-1913), escritor y poeta italiano.

¡Pobre del amor a quien la fantasía abandona! ARTURO GRAF.

Los que más han amado al hombre le han hecho siempre el máximo daño. Han exigido de él lo imposible, como todos los amantes. FRIEDRICH NIETZSCHE (1844-1900), filosofo alemán.

El hombre se define como ser que evalúa, como ser que ama por excelencia. FRIEDRICH NIETZSCHE.

La verdad es que amamos la vida, no porque estemos acostumbrados a ella, sino porque estamos acostumbrados al amor. FRIEDRICH NIETZSCHE.

Nada es pequeño en el amor. Aquellos que esperan las grandes ocasiones para probar su ternura no saben amar. LAURE CONAN (1845-1924), escritora francocanadiense.

En el amor todo ha terminado cuando uno de los amantes piensa que sería posible una ruptura. PAUL CHARLES BOURGET (1852-1935), escritor francés.

El amor es una treta de la naturaleza. ARMANDO PALACIO VALDÉS (1853-1938), literato español.

Amarse a sí mismo es el comienzo de una aventura que dura toda la vida. OSCAR WILDE (1854-1900), dramaturgo y novelista irlandés.

Uno debería estar siempre enamorado. Por eso jamás deberíamos casarnos. OSCAR WILDE.

Los platónicos olvidan excesivamente que el amor es una física antes de ser un ensueño. REMY DE GOURMONT (1858-1915), novelista francés.

El benefactor llama a la puerta, pero el que ama la encuentra abierta. RABINDRANATH TAGORE (1861-1941), filósofo y escritor indio.

El amor es el significado último de todo lo que nos rodea. No es un simple sentimiento, es la verdad, es la alegría que está en el origen de toda creación. RABINDRANATH TAGORE.

El hombre en su esencia no debe ser esclavo, ni de sí mismo, ni de los otros, sino un amante. Su único fin está en el amor. RABINDRANATH TAGORE.

El dolor es el alimento esencial del amor; cualquier amor que no se haya nutrido de un poco de dolor puro, muere. MAURICE MAETERLINCK (1862-1949), escritor belga.

El amor compadece, y compadece más cuanto más ama. MIGUEL DE UNAMUNO (1864-1936), filósofo y escritor español.

El verdadero amor no se conoce por lo que exige, sino por lo que ofrece. JACINTO BENAVENTE (1866-1954), dramaturgo español.

El amor es lo más parecido a una guerra, y es la única guerra en que es indiferente vencer o ser vencido, porque siempre se gana. JACINTO BENAVENTE.

Los amores son como las setas, que no sabe uno si son venenosas hasta que ya las ha comido y es demasiado tarde. TRISTAN BERNARD (1866-1947), novelista y periodista francés.

La señal de que no amamos a alguien es que no le damos todo lo mejor que hay en nosotros. GEORGES COURTELINE CLAUDEL (1868-1955), escritor y diplomático francés.

Ama como puedas, ama a quien puedas, ama todo lo que puedas. No te preocupes de la finalidad de tu amor. AMADO NERVO (1870-1919), poeta, novelista y ensayista mexicano.

Sólo se ama lo que no se posee totalmente. MARCEL PROUST (1871-1922), escritor francés.

Hay que amar lo que es digno de ser amado y odiar lo que es odioso, mas hace falta buen criterio para distinguir entre lo uno y lo otro. ROBERT LEE FROST (1874-1963), poeta estadounidense.

Amar: cambiar de casa el alma. CONSTANCIO C. VIGIL (1876-1954), escritor y periodista uruguayo.

¡Qué triste es amarlo todo sin saber lo que se ama! JUAN RAMÓN JIMÉNEZ (1881-1958), escritor español.

El amor auténtico se encuentra siempre hecho. En este amor un ser queda adscrito, de una vez para siempre y del todo, a otro ser. Es el amor que empieza con el amor. JOSÉ ORTEGA Y GASSET (1883-1955), filósofo y ensayista español.

El amor, a quien pintan ciego, es vidente y perspicaz porque el amante ve cosas que el indiferente no ve y por eso ama. José Ortega y Gasset.

El amor es como el fuego, que si no se comunica se apaga. Giovanni Papini (1881-1956), escritor italiano.

Nunca amamos a nadie: amamos, sólo, la idea que tenemos de alguien. Lo que amamos es un concepto nuestro, es decir, a nosotros mismos. Fernando Pessoa (1888-1935), poeta portugués.

El amor nunca tiene razones, y la falta del amor tampoco. Todo son milagros. Eugene O'Neill (1888-1953), dramaturgo estadounidense.

El amor no da ni toma nada, excepto de sí mismo. Khalil Gibran (1883-1931), ensayista, novelista y poeta libanés.

El amor puede esperar todavía cuando la razón desespera. George W. Lyttelton (1883-1962), escritor inglés.

El que puede prescindir del ser amado puede prescindir de todo. André Maurois (1885-1967), novelista y ensayista francés.

El amor físico es un instinto natural, como el hambre y la sed; pero la permanencia del amor no es un instinto. André Maurois.

Uno está enamorado cuando se da cuenta de que otra persona es única. Jorge Luis Borges (1899-1986), escritor argentino.

Lo malo del amor es que muchos lo confunden con la gastritis y, cuando se han curado de la indisposición, se encuentran con que se han casado. GROUCHO MARX (1890-1977),actor estadounidense.

El amor. Claro, el amor. Un año de ardor y llamas y treinta de cenizas. GIUSEPPE TOMASI DI LAMPEDUSA (1896-1957), escritor italiano.

El amor es como la salsa mayonesa: cuando se corta, hay que tirarlo y empezar otro nuevo. ENRIQUE JARDIEL PONCELA (1901-1952), escritor español.

El amor tiene dos momentos deliciosos: el primero y el último; lo malo es el tiempo que transcurre entre ellos. NOEL CLARASÓ (1905-1985), escritor español.

Amar no es mirarse el uno al otro; es mirar juntos en la misma dirección. ANTOINE DE SAINT-EXUPERY (1900-1944), escritor francés.

Sólo se ve bien con el corazón; lo esencial es invisible para los ojos. ANTOINE DE SAINT-EXUPERY.

El secreto de la felicidad en el amor consiste menos en ser ciego que en cerrar los ojos cuando hace falta. SIMONE DE BEAUVOIR (1908-1986), novelista e intelectual francesa.

Aprendemos a amar no cuando encontramos a la persona perfecta, sino cuando llegamos a ver de manera perfecta a una persona imperfecta. SAM KEEN (N.1931), escritor, profesor y filósofo americano.

*En el verdadero amor no manda nadie; obedecen los dos.*ALEJANDRO CASONA (1903-1965), dramaturgo español.

Yo amo, tú amas, él ama, nosotros amamos, vosotros amáis, ellos aman. Ojalá no fuese conjugación sino realidad. MARIO MORENO «CANTINFLAS» (1911-1993), actor mexicano.

Conocer el amor de los que amamos es el fuego que alimenta la vida. PABLO NERUDA (1904-1973), poeta chileno.

Amor: una serpiente con dos cabezas que se vigilan sin cesar. ELÍAS CANETTI (1905-1994), escritor búlgaro.

Trata de amar al prójimo. Ya me dirás el resultado. JEAN PAUL SARTRE (1905-1980), filósofo y escritor francés.

El día que tú no ardas de amor, muchos morirán de frío. FRANÇOIS MAURIAC (1905-1970), escritor francés.

El amor es física y química. SEVERO OCHOA (1905-1993), médico español.

¿Puede uno recordar el amor? Es como tratar de evocar el aroma de las rosas en un sótano. Puedes ver la rosa, pero nunca el perfume. ARTHUR MILLER (1915-2005), *dramaturgo estadounidense.*

El amor jamás reclama; da siempre. El amor tolera, jamás se irrita, nunca se venga. INDIRA GANDHI (1917-1984), estadista y política hindú.

La perfección del amor es morir por amor. DENIS DE ROUGEMONT (1906-1985), escritor suizo.

El amor puede hacerlo todo, y también lo contrario de todo. ALBERTO MORAVIA (1907-1990), escritor italiano.

El amor, para que sea auténtico, debe costarnos. MADRE TERESA DE CALCUTA (1910-1997), misionera albanesa, nacionalizada india.

El hombre tiene dos caras: no puede amar sin amarse. ALBERT CAMUS (1913-1960), escritor francés.

Ven a dormir conmigo: no haremos el amor, él nos hará. JULIO CORTÁZAR (1914-1984), escritor argentino.

El amor nace de un flechazo; la amistad del intercambio frecuente y prolongado. OCTAVIO PAZ (1914-1998), poeta y ensayista mexicano.

Te quiero no por quien eres, sino por quien soy cuando estoy contigo. GABRIEL GARCÍA MÁRQUEZ (N.1927), escritor, periodista y editor colombiano.

Todo lo que una mujer quiere de verdad —un perro, un hombre, Dios, cualquier cosa— lo quiere como a un hijo. ANTONIO GALA (N. 1930), dramaturgo, poeta y novelista español.

El amor no tiene cura, pero es la única cura para todos los males. LEONARD COHEN (N.1934), poeta y cantante canadiense.

El amor es: el dolor de vivir lejos del ser amado. ANÓNIMO.

No existe el amor, sino las pruebas de amor, y la prueba de amor a aquel que amamos es dejarlo vivir libremente. ANÓNIMO.

El amor y la tos no pueden ocultarse. PROVERBIO ITALIANO.

Ama a quien no te ama, responde a quien no te llama, andarás carrera vana. REFRÁN.

*Amor con amor se paga, lo demás son palabras vanas.*REFRÁN.

Bodas y matrimonio

Me preguntas si debes o no casarte; pues de cualquier cosa que hagas te arrepentirás. SÓFOCLES (495 A. C.-406 A. C.), poeta trágico griego.

Mi consejo es que te cases: si encuentras una buena esposa serás feliz; si no, te harás filósofo. SÓCRATES (470 A. C.-399 A. C.), filósofo griego.

Para casarte, cuando joven es temprano y cuando viejo es tarde. DIÓGENES LAERCIO (S. III A. C.), historiador griego.

El mejor matrimonio sería aquel que reuniese a una mujer ciega con un marido sordo. MICHEL EYQUEM DE MONTAIGNE (1533-1592), escritor y filósofo francés.

No quiso la lengua castellana que de casado a cansado hubiese más de una letra de diferencia. Lope de Vega (1562-1635), poeta, novelista y dramaturgo español.

El amor es a menudo fruto del matrimonio. Molière (1622-1673), comediógrafo francés.

El divorcio probablemente se remonta a la misma época que el matrimonio. Yo creo, sin embargo, que el matrimonio es algunas semanas más antiguo. Voltaire (1694-1778), filósofo y escritor francés.

Donde hay matrimonio sin amor, habrá amor sin matrimonio. Benjamin Franklin (1706-1790), estadista estadounidense.

Casarse por segunda vez es el triunfo de la esperanza sobre la experiencia. Samuel Johnson (1709-1784), escritor inglés.

Cuando podía haber tomado esposa, no pude soportar a ninguna; y cuando pude soportar a alguna, ya no necesitaba a ninguna. Immanuel Kant (1724-1804), filósofo alemán.

El matrimonio, al contrario de la fiebre, comienza con calor y termina con frío. Georg Christoph Lichtenberg (1742-1799), profesor de física y científico alemán.

Nunca aconsejéis a un hombre que desconfíe de una mujer con la que ya esté casado. Es demasiado tarde para él. Lord Byron (1788-1824), poeta inglés.

Todas las tragedias terminan con una muerte, todas las comedias con una boda. LORD BYRON.

El matrimonio es al amor lo que el vinagre al vino. El tiempo hace que pierda su primer sabor. LORD BYRON.

El amor abre el paréntesis, el matrimonio lo cierra. VÍCTOR HUGO (1802-1885), escritor francés.

Cuando el amor ha sido una comedia, forzosamente el matrimonio tiene que derivar en drama. ALPHONSE DE LAMARTINE (1790-1869), historiador, político y poeta francés.

Si realmente el período de noviazgo es el más bello de todos, ¿por qué se casan los hombres? SÖREN AABYE KIERKEGAARD (1813-1855), literato y filósofo danés.

El matrimonio es una cadena tan pesada que para llevarla hace falta ser dos y, a menudo, tres. ALEJANDRO DUMAS HIJO (1824-1895), escritor francés.

El matrimonio es una barca que lleva a dos personas por un mar tormentoso; si uno de los dos hace algún movimiento brusco, la barca se hunde. LEÓN TOLSTÓI (1828-1910), escritor ruso.

Matrimonio: *Estado o condición de una comunidad que se compone de un señor, una concubina y dos esclavos, todo en solo dos personas.* AMBROSE BIERCE (1842-1914), escritor estadounidense.

¿Por qué nos alegramos en las bodas y lloramos en los funerales? Porque no somos la persona involucrada. MARK TWAIN (1835-1910), escritor estadounidense.

El matrimonio debe ser una relación ya de simpatía o ya de conquista. GEORGE ELIOT (1819-1880), novelista británica.

El matrimonio acaba muchas locuras cortas con una larga estupidez. FRIEDRICH NIETZSCHE. (1844-1900), filosofo alemán.

El matrimonio es como la vida real; un campo de batalla y no un lecho de rosas. ROBERT LOUIS STEVENSON (1850-1894), escritor británico.

Los solteros ricos deberían pagar más impuestos. No es justo que unos sean más felices que otros. OSCAR WILDE (1854-1900), dramaturgo y novelista irlandés.

Se llama matrimonio de conveniencia a un matrimonio de personas que no se convienen en absoluto. OSCAR WILDE.

El encanto del matrimonio es que provoca el desencanto necesario por las dos partes. OSCAR WILDE.

La mejor base para un matrimonio feliz es la mutua incomprensión. OSCAR WILDE.

Maldita sea, señor, es su deber casarse. No puede estar toda la vida viviendo placenteramente. OSCAR WILDE.

Cuando dos personas están bajo la influencia de la más violenta, la más insana, la más ilusoria y la más fugaz de las pasiones, se les pide que juren que seguirán continuamente en esa condición excitada, anormal y agotadora hasta que la muerte los separe. GEORGE BERNARD SHAW (1856-1950), escritor irlandés.

Yo he conocido muchos matrimonios felices, pero ni uno solo compatible. Toda la mira del matrimonio es combatir durante el instante en que la incompatibilidad se hace indiscutible y sobrevivirlo. GILBERT KEITH CHESTERTON (1874-1936), escritor británico.

Los solteros saben más acerca de las mujeres que los casados; si no fuese así, ellos también lo estarían. HENRY-LOUIS MENCKEN (1880-1956), periodista y escritor estadounidense.

El soltero desea una esposa pero se alegra de no tenerla. HENRY-LOUIS MENCKEN.

Casi siempre que un matrimonio se lleva bien es porque uno de los esposos manda y el otro obedece. GREGORIO MARAÑON (1887-1960), escritor español.

Conozco a centenares de maridos que serían felices de volver al hogar sino hubiese una esposa esperándoles. GROUCHO MARX (1890-1977), actor estadounidense.

El matrimonio es una gran institución. Por supuesto, si te gusta vivir en una institución. GROUCHO MARX.

El matrimonio es la principal causa de divorcio. Groucho Marx.

Cásate con un arqueólogo. Cuanto más vieja te hagas, más encantadora te encontrará. Agatha Christie (1891-1976), novelista inglesa.

El matrimonio es tratar de solucionar entre los dos problemas que nunca hubieran surgido al estar solo. Eddy Cantor (1892-1964), actor y cantante estadounidense.

Patrimonio es un conjunto de bienes; matrimonio es un conjunto de males. Enrique Jardiel Poncela (1901-1952), escritor español.

Indudablemente la época más feliz del matrimonio es la luna de miel; lo malo es que para repetirla han de suceder cosas muy desagradables. Noel Clarasó (1905-1985), escritor español.

El amor es un juego; el casamiento un negocio. Alberto Moravia (1907-1990), escritor italiano.

Yo creo en las familias numerosas: toda mujer debería tener al menos tres maridos. Zsa Zsa Gabor (n.1917), actriz estadounidense.

El problema del matrimonio es que se acaba todas las noches después de hacer el amor, y hay que volver a reconstruirlo todas las mañanas antes del desayuno. Gabriel García Márquez (n. 1927), escritor colombiano.

Seguramente existen muchas razones para los divorcios, pero la principal es y será la boda. JERRY LEWIS (N.1926), actor cómico estadounidense.

No es verdad que el matrimonio sea indisoluble. Se disuelve fácilmente en el aburrimiento. CHUMY CHÚMEZ (1927-2003), humorista gráfico y escritor español.

La primera vez te casas por amor, la segunda por dinero y la tercera por compañía. JACQUELINE BOUVIER (JACQUELINE KENNEDY, 1929-1994), primera dama estadounidense.

Después de siete años de casados me he dado cuenta de dos cosas: la primera es que nunca debemos empapelar juntos una pared, y la segunda es que nos hacen falta dos cuartos de baño… los dos para ella. DENNIS MILLER (N. 1954), presentador y comunicador estadounidense.

Cásate demasiado pronto y te arrepentirás demasiado tarde. ANÓNIMO.

Es cierto que no te quiero tanto como cuando éramos novios, pero es que a mí nunca me han gustado las mujeres casadas. PROVERBIO AMERICANO.

Antes de poner en duda el buen juicio de tu mujer, fíjate con quién se ha casado ella. PROVERBIO EGIPCIO.

Cuando la vieja se alegra, de su boda se acuerda. REFRÁN.

Boda sin borracho, tenla a milagro. REFRÁN.

El casado casa quiere. REFRÁN.

Bueno es ser casado si no tuviese cuidado. REFRÁN.

Yo que la buscaba y ella que no se quiso esconder, se juntó el hambre con las ganas de comer. REFRÁN.

Amor que empieza en boda, acaba en boda. REFRÁN.

Boda buena, boda mala, el martes en tu casa. REFRÁN.

Quien bien baila, de boda en boda se anda. REFRÁN.

*El melón y el casamiento han de ser acertamiento.*REFRÁN.

En martes, ni te cases ni te embarques. REFRÁN.

Antes que te cases, mira lo que haces. REFRÁN.

Felicidad

La verdadera felicidad consiste en hacer el bien. ARISTÓTELES (384 A. C.-322 A. C.), filósofo griego.

El saber es la parte más considerable de la felicidad. SÓFOCLES (495 A. C.-406 A. C.), poeta trágico griego.

La felicidad del cuerpo se funda en la salud; la del entendimiento, en el saber. TALES DE MILETO (624 A. C.-546 A. C.), filósofo y matemático griego.

No llames jamás feliz a un mortal hasta que no hayas visto cómo, en su último día, desciende a la tumba. EURÍPIDES DE SALAMINA (485 A. C.-406 A. C.), poeta trágico griego.

No entiendo por qué el que es dichoso busca mayor felicidad. MARCO TULIO CICERÓN (106 A. C.-43 A. C.), escritor, orador y político romano.

La felicidad no consiste en adquirir y gozar, sino en no desear nada, pues consiste en ser libre. EPICTETO DE FRIGIA (50-135), filósofo grecolatino.

¿Por qué buscáis la felicidad, oh, mortales, fuera de vosotros mismos? BOECIO (480-524), filósofo y estadista romano.

El hombre, por lo común, sólo sabe reconocer su felicidad en la medida de la desgracia que ha experimentado. MUSLIH-UD-DIN SAADI (1184-1291), poeta persa.

He cometido el peor de los pecados, quise ser feliz. SANTA TERESA DE JESÚS (1515-1582), religiosa y escritora española.

La felicidad consiste, principalmente, en conformarse con la suerte; es querer ser lo que uno es. ERASMO DE RÓTTERDAM (1469-1536), humanista neerlandés.

No está la felicidad en vivir, sino en saber vivir. DIEGO DE SAAVEDRA FAJARDO (1584-1648), diplomático y escritor español.

Queremos ser más felices que los demás, y eso es dificilísimo, porque siempre les imaginamos mucho más felices de lo que son en realidad. MONTESQUIEU (1689-1755), escritor y político francés.

No vivimos nunca, sino que esperamos vivir; y disponiéndonos siempre a ser felices, es inevitable que no lo seamos nunca. BLAISE PASCAL (1623-1662), científico, filósofo y escritor francés.

Estando siempre dispuestos a ser felices, es inevitable no serlo alguna vez. BLAISE PASCAL.

Hay una especie de vergüenza en ser feliz a la vista de ciertas miserias. JEAN DE LA BRUYÈRE (1645-1696), escritor francés.

Buscamos la felicidad, pero sin saber dónde, como los borrachos buscan su casa, sabiendo que tienen una. VOLTAIRE (1694-1778), filósofo y escritor francés.

La clase de felicidad que necesito es menos hacer lo que quiero que no hacer lo que no quiero. JEAN JACQUES ROUSSEAU (1712-1778), filósofo francés.

Cuán feliz era yo cuando era una infeliz. MARQUESA DE SÉVIGNÉ (1626-1696), escritora francesa.

Cada uno es tan infeliz como cree. GIACOMO LEOPARDI (1798-1837), poeta y erudito italiano.

La felicidad está en la ignorancia de la verdad. GIACOMO LEOPARDI.

No son las riquezas ni el esplendor, sino la tranquilidad y el trabajo, los que proporcionan la felicidad. THOMAS JEFFERSON (1743-1826), político estadounidense.

El hombre más feliz es el que hace la felicidad del mayor número de sus semejantes. DENIS DIDEROT (1713-1784), escritor francés.

Todo lo que la tierra da y todo aquello que se llama felicidad sólo es un juguete de la suerte; lo que nosotros somos, eso sólo nos pertenece. JOHANN KASPAR LAVATER (1741-1801), filósofo, poeta y teólogo suizo.

Todo se soporta en la vida, con excepción de muchos días de continua felicidad. JOHANN WOLFGANG GOETHE (1749-1832), poeta y dramaturgo alemán.

El hombre más feliz del mundo es aquel que sepa reconocer los méritos de los demás y pueda alegrarse del bien ajeno como si fuera propio. JOHANN WOLFGANG GOETHE.

¿Qué es la felicidad sino el desarrollo de nuestras facultades? GERMAINE DE STAËL (1766-1817), escritora e intelectual francesa.

Hacer felices a otros hombres: no hay nada mejor ni más bello. LUDWIG VAN BEETHOVEN (1770-1827), compositor y músico alemán.

El que cae desde una dicha bien cumplida, poco le importa cuán hondo sea el abismo. LORD BYRON (1788-1824), poeta británico.

Vivir para los demás no es solamente una ley de deber, sino también una ley de felicidad. AUGUSTE COMTE (1798-1857), filósofo francés.

*¡Dejadme escapar de la mentirosa y criminal ilusión de la felicidad! Dadme trabajo, cansancio, dolor y entusiasmo.*GEORGE SAND (1804-1876), escritora francesa.

La felicidad consiste en tener buena salud y mala memoria. EDWINGE FEUILLERE (1907-1962), actriz francesa.

La felicidad no está en la ciencia, sino en la adquisición de la ciencia. EDGAR ALLAN POE (1809-1849), escritor estadounidense.

La felicidad radica, ante todo, en la salud. GEORGE WILLIAM CURTIS (1824-1892), escritor y orador estadounidense.

¡Qué cosa tan extraña es la felicidad! Nadie sabe por dónde ni cómo ni cuándo llega, y llega por caminos invisibles, a veces cuando ya no se la aguarda. HENRIK JOHAN IBSEN (1828-1906), dramaturgo noruego.

¿Cuál es la felicidad que no tiene algo de pena? MARGARET OLIPHANT (1828-1897), novelista, escritora y biógrafa escocesa.

La vida nos enseña que no podemos ser felices sino al precio de cierta ignorancia. ANATOLE FRANCE (1844-1924), escritor francés.

No hay deber que descuidemos tanto como el deber de ser felices. ROBERT LOUIS STEVENSON (1850-1894), escritor británico.

Es quizás más afortunado disfrutar coleccionando caracolas que el haber nacido millonario. ROBERT LOUIS STEVENSON.

Existe un solo procedimiento para ser feliz merced al corazón, y es no tenerlo. PAUL CHARLES BOURGET (1852-1935), escritor francés.

La felicidad general de un pueblo descansa en la independencia individual de sus habitantes. JOSÉ MARTÍ (1853-1895), político y escritor cubano.

No tenemos más derecho a consumir felicidad sin producirla que a consumir riqueza sin producirla. GEORGE BERNARD SHAW (1856-1950), escritor irlandés.

La manera de conseguir la felicidad es haciendo felices a los demás. ROBERT STEPHENSON (1857-1941), militar británico.

Cuando uno dice que sabe lo que es la felicidad, se puede suponer que la ha perdido. MAURICE MAETERLINCK (1862-1949), escritor belga.

La felicidad no es cosa fácilmente digerible; es, más bien, muy indigesta. MIGUEL DE UNAMUNO (1864-1936), filósofo y escritor español.

Una de las ventajas de no ser feliz es que se puede desear la felicidad. MIGUEL DE UNAMUNO.

La felicidad es un sentimiento fundamentalmente negativo: la ausencia de dolor. GREGORIO MARAÑON (1887-1960), médico y escritor español.

Si el dinero no te da la felicidad devuélvelo. JULES RENARD (1864-1910), escritor y dramaturgo francés.

La felicidad es mejor imaginarla que tenerla. JACINTO BENAVENTE (1866-1954), dramaturgo español.

La felicidad es tanto mayor cuanto menos la advertimos. ALBERTO MORAVIA (1907-1990), escritor italiano.

No hay medicina que cure lo que no cura la felicidad. GABRIEL GARCÍA MÁRQUEZ (N.1927), escritor colombiano.

Así como la desgracia hace discurrir más, la felicidad quita todo deseo de análisis; por eso es doblemente deseable. PÍO BAROJA (1872-1956), escritor español.

La felicidad recupera en altura lo que le falta en longitud. ROBERT LEE FROST (1874-1963), poeta estadounidense.

La felicidad no necesita ser transmutada en belleza, pero la desventura sí. JORGE LUIS BORGES (1899-1986), escritor argentino.

Si quieres comprender la palabra felicidad, tienes que entenderla como recompensa y no como fin. ANTOINE DE SAINT-EXUPERY (1900-1944), escritor francés.

La felicidad para mí consiste en gozar de buena salud, en dormir sin miedo y despertarme sin angustia. FRANÇOISE SAGAN (1935-2004), escritora francesa.

La única manera de ser feliz es que te guste sufrir. Woody Allen (n.1935), actor, director y escritor estadounidense.

Sólo un idiota puede ser totalmente feliz. Mario Vargas Llosa (n. 1936), escritor peruano.

Hay dos maneras de conseguir la felicidad, una hacerse el idiota, otra serlo. Enrique Jardiel Poncela (1901-1952), escritor español.

¿Hasta cuándo vamos a seguir creyendo que la felicidad no es más que uno de los juegos de la ilusión? Julio Cortázar (1914-1984), escritor argentino.

Algún día en cualquier parte, en cualquier lugar, indefectiblemente te encontrarás a ti mismo, y ésa, sólo ésa, puede ser la más feliz o la más amarga de tus horas. Pablo Neruda (1904-1973), poeta chileno.

Felicidad no es hacer lo que uno quiere sino querer lo que uno hace. Jean Paul Sartre (1905-1980), filósofo y escritor francés.

La felicidad es darse cuenta de que nada es demasiado importante. Antonio Gala (n. 1930), dramaturgo, poeta y novelista español.

Padres, hijos y familia

Los hijos son las anclas que atan a la vida a las madres. SÓFOCLES (495 A. C.-406 A. C.), poeta trágico griego.

Es un dichoso infortunio el no tener hijos. EURÍPIDES DE SALAMINA (485 A. C.-406 A. C.), poeta trágico griego.

Economizad las lágrimas de vuestros hijos a fin de que puedan regar con ellas vuestra tumba. PITÁGORAS DE SAMOS (582 A. C.-497 A. C.), filósofo y matemático griego.

Una casa será fuerte e indestructible cuando esté sostenida por estas cuatro columnas: padre valiente, madre prudente, hijo obediente, hermano complaciente. CONFUCIO (551 A. C.-478 A. C.), filósofo chino.

Éstos son malos tiempos. Los hijos han dejado de obedecer a sus padres y todo el mundo escribe libros. MARCO TULIO CICERÓN (106 A. C.-43 A. C.), escritor, orador y político romano.

Que ni una palabra ni una mirada obscena manchen la casa en donde haya un niño. JUVENAL (67-127), poeta satírico romano.

¡Cuán grande riqueza es, aun entre los pobres, el ser hijo de un buen padre! JUAN LUIS VIVES (1492-1540), filósofo español.

Los juegos infantiles no son tales juegos, sino sus más serias actividades. MICHEL EYQUEM DE MONTAIGNE (1533-1592), escritor y filósofo francés.

Un padre para cien hijos, antes que cien hijos para un padre. MIGUEL DE CERVANTES SAAVEDRA (1547-1616), escritor español.

El hacer el padre por su hijo es hacer por sí mismo. MIGUEL DE CERVANTES SAAVEDRA.

Prudente padre es el que conoce a su hijo. WILLIAM SHAKESPEARE (1564-1616), escritor británico.

Donde hay niños, existe la Edad de Oro. NOVALIS (1772-1801), poeta y filósofo alemán.

Antes de casarme tenía seis teorías sobre el modo de educar a los niños. Ahora tengo seis hijos y ninguna teoría. JOHN WILMOT (1647-1680), poeta inglés.

Un hijo es un acreedor dado por la naturaleza. STENDHAL (1783-1842), escritor francés.

El porvenir de un hijo es siempre obra de su madre. NAPOLEÓN BONAPARTE (1769-1821), emperador francés.

Exigir a los progenitores, para respetarlos, que estén libres de defecto y que sean la perfección de la humanidad es soberbia e injusticia. SILVIO PELLICO (1789-1854), escritor italiano.

El padre debe ser el amigo, el confidente, no el tirano de sus hijos. VINCENZO GIOBERTI (1801-1852), filósofo y estadista italiano.

Cuando el niño destroza su juguete, parece que anda buscándole el alma. VICTOR HUGO(1802-1885), novelista francés.

Las madres perdonan siempre: han venido al mundo para eso. ALEJANDRO DUMAS (1803-1870), escritor francés.

Quien quiere a su madre no puede ser malo. LOUIS CHARLES ALFRED DE MUSSET (1810-1857), poeta francés.

Si no existieran hijos, yernos, hermanos y cuñados, cuántos disgustos se ahorrarían los jefes de gobierno. ÁLVARO DE FIGUEROA Y TORRES (1863-1950), político español.

Grande es siempre el amor maternal, pero toca en lo sublime cuando se mezcla con la admiración por el hijo amado. ÁNGEL GANIVET (1865-1898), escritor, ensayista y narrador español.

Da un poco de amor a un niño y ganarás un corazón. JOHN RUSKIN (1819-1900), crítico y escritor británico.

Los niños son siempre el símbolo del eterno matrimonio entre el amor y el deseo. OSCAR WILDE (1854-1900), dramaturgo y novelista irlandés.

Los niños comienzan por amar a los padres. Cuando ya han crecido, los juzgan, y, algunas veces, hasta los perdonan. OSCAR WILDE.

La primera mitad de nuestra vida nos la estropean nuestros padres; la segunda nuestros hijos. CLARENCE S. DARROW (1857-1938), abogado estadounidense.

En cada niño nace la humanidad. JACINTO BENAVENTE (1866-1954), dramaturgo español.

Es un error fundamental que los padres vean en los hijos una suerte de crédito o de extensión de ellos mismos. BERTRAN RUSSEKK (1872-1970), filósofo británico.

La única educación eterna es ésta: estar lo bastante seguro de una cosa para decírsela a un niño. GILBERT KEITH CHESTERTON (1874-1936), escritor británico.

Cuando los padres han construido todo, a los hijos sólo les queda el derrumbarlo. KARL KRAUS (1874-1936), poeta, autor satírico y crítico austriaco.

Es hermoso que los padres lleguen a ser amigos de sus hijos, desvaneciéndoles todo temor, pero inspirándoles un gran respeto. JOSÉ INGENIEROS (1877-1925), filósofo y psicólogo argentino.

Protegedme de la sabiduría que no llora, de la filosofía que no ríe y de la grandeza que no se inclina ante los niños. KHALIL GIBRAN (1883-1931), ensayista, novelista y poeta libanés.

La más bella palabra en labios de un hombre es la palabra madre, y la llamada más dulce: madre mía. KHALIL GIBRAN.

La niñez es la etapa en que todos los hombres son creadores. JUANA DE IBARBOUROU (1895-1979), poetisa uruguaya.

La relación más primaria en la vida es la relación entre hombre, mujer y niño. Ninguna filosofía es buena, ni es filosofía, si olvida este principio. LIN YUTANG (1895-1976), escritora estadounidense.

A una madre se la quiere, siempre con igual cariño, y a cualquier edad se es niño, cuando una madre se muere. JOSÉ MARÍA PEMÁN. (1898-1981), escritor español

Un hijo es una pregunta que le hacemos al destino. JOSÉ MARÍA PEMÁN.

Por severo que sea un padre juzgando a su hijo, nunca es tan severo como un hijo juzgando a su padre. ENRIQUE JARDIEL PONCELA (1901-1952), escritor español.

Siempre hay un momento en la infancia en el que se abre una puerta y deja entrar al futuro. GRAHAM GREENE (1904-1991), novelista británico.

El mejor olor, el del pan; el mejor sabor, el de la sal; el mejor amor, el de los niños. GRAHAM GREENE.

La familia es un nido de perversiones. SIMONE DE BEAUVOIR (1908-1986), novelista e intelectual francesa.

Los niños son el recurso más importante del mundo y la mejor esperanza para el futuro. JOHN FITZGERALD KENNEDY (1917-1963), político estadounidense.

El futuro depende, en gran parte, de la familia, lleva consigo el porvenir mismo de la sociedad; su papel especialísimo es el de contribuir eficazmente a un futuro de paz. JUAN PABLO II (1920-2005), papa de la iglesia católica.

Vida y muerte

Diferentes en la vida, los hombres son semejantes en la muerte. LAO-TSÉ (570 A. C.-490 A. C.), filósofo chino.

Sin no conoces todavía la vida, ¿cómo puede ser posible conocer la muerte? CONFUCIO (551 A. C.-478 A. C.), filósofo chino.

Aprende a vivir y sabrás morir bien. CONFUCIO.

Debes tener siempre fría la cabeza, caliente el corazón y larga la mano. CONFUCIO.

La vida es breve; el arte, largo; la ocasión, fugaz; la experiencia, engañosa; el juicio, difícil. HIPÓCRATES (S. V A. C.-S. IV A. C.), médico griego.

Muerte es todo lo que vemos despiertos; sueño lo que vemos dormidos. HERÁCLITO DE ÉFESO (540 A. C.-470 A. C.), filósofo griego.

La vida es un tránsito; el mundo es una sala de espectáculos; el hombre entra en ella, mira y sale. DEMÓCRITO DE ABDERA (460 A. C.-370 A. C.), filósofo griego.

La mejor tumba es la más sencilla. PLATÓN (427 A. C.-347 A. C.), filósofo griego.

Cuando la muerte se precipita sobre el hombre, la parte mortal se extingue; pero el principio inmortal se retira y se aleja sano y salvo. PLATÓN.

Lo mejor es salir de la vida como de una fiesta, ni sediento ni bebido. ARISTÓTELES (384 A. C.-322 A. C.), filósofo griego.

La muerte es una quimera: porque mientras yo existo, no existe la muerte; y cuando existe la muerte, ya no existo yo. EPICURO DE SAMOS (341 ACA. C.-270 ACA. C.), filósofo griego.

Carpe Diem (aprovecha el día presente). Palabras que nos recuerdan que la vida es corta y debemos apresurarnos a gozar de ella. QUINTO HORACIO FLACO (65 A. C.-8 A. C.), poeta latino.

Cada día es una pequeña vida. QUINTO HORACIO FLACO.

Incierto es el lugar en donde la muerte te espera; espérela, pues, en todo lugar. LUCIO ANNEO SÉNECA (2 A. C.-65), filósofo latino.

No os espante la muerte; o extermina o transforma vuestra existencia. Lucio Anneo Séneca.

Muy sentida es la muerte cuando el padre queda vivo. Lucio Anneo Séneca.

La mayor rémora de la vida es la espera del mañana y la pérdida del día de hoy. Lucio Anneo Séneca.

En tres tiempos se divide la vida: en presente, pasado y futuro. De éstos, el presente es brevísimo; el futuro, dudoso; el pasado, cierto. Lucio Anneo Séneca.

La vida es como una leyenda: no importa que sea larga, sino que esté bien narrada. Lucio Anneo Séneca.

Lo mejor que la naturaleza ha dado al hombre es la brevedad de su vida. Caius Plinius Secundus (23-79), escritor y científico romano.

Ni temas ni desees la muerte. Marco Valerio Marcial (40-104), poeta latino.

La fuente de todas las miserias para el hombre no es la muerte, sino el miedo a la muerte. Epicteto de Frigia (50-135), filósofo grecolatino.

Una muerte bella honra toda la vida. Francesco Petrarca (1304-1374), poeta italiano.

Entre la fe y la incredulidad, un soplo. Entre la certeza y la duda, un soplo. Alégrate en este soplo presente donde vives, pues la vida misma está en el soplo que pasa. OMAR KHAYYAM (SIGLO XII), poeta persa.

La muerte os espera en todas partes; pero, si sois prudentes, en todas partes la esperáis vosotros. SAN BERNARDO DE CLARAVAL (1091-1153), eclesiástico francés.

Mientras pensaba que estaba aprendiendo a vivir, he aprendido cómo morir. LEONARDO DA VINCI (1452-1519), pintor, escultor e inventor italiano.

Conviene vivir considerando que se ha de morir; la muerte siempre es buena; parece mala a veces porque es malo a veces el que muere. FRANCISCO DE QUEVEDO Y VILLEGAS (1580-1645), escritor español.

La muerte no os concierne ni vivo ni muerto: vivo, porque sois; muerto porque ya no sois. MICHEL EYQUEM DE MONTAIGNE (1533-1592), escritor y filósofo francés.

La vida es como un cuento relatado por un idiota; un cuento lleno de palabrería y frenesí, que no tiene ningún sentido. WILLIAM SHAKESPEARE (1564-1616), escritor británico.

Que toda la vida es sueño y los sueños, sueños son. PEDRO CALDERÓN DE LA BARCA (1600 -1681), dramaturgo y poeta español.

La muerte para los jóvenes es naufragio y para los viejos es llegar a puerto. BALTASAR GRACIÁN (1601-1658), escritor español.

Cada instante de la vida es un paso hacia la muerte. PIERRE CORNEILLE (1606-1684), poeta y dramaturgo francés.

La vida es como la música, debe componerse con el oído, el sentimiento y el instinto, no mediante reglas. SAMUEL BUTLER (1612-1680), poeta inglés.

Ni el sol, ni la muerte pueden mirarse fijamente. FRANÇOIS DE LA ROCHEFOUCAULD (1613-1680), escritor francés.

Morimos sólo una vez, pero durante mucho tiempo. MOLIÈRE (1622-1673), comediógrafo francés.

La muerte es el remedio de todos los males; pero no debemos echar mano de éste hasta última hora. MOLIÈRE (1622-1673), comediógrafo francés.

Es más fácil soportar la muerte sin pensar en ella que soportar el pensamiento de la muerte. BLAISE PASCAL (1623-1662), científico, filósofo y escritor francés.

Nuestra naturaleza está en movimiento. El reposo absoluto es la muerte. BLAISE PASCAL.

La vida es un tráfico donde se balancean las pérdidas y las ganancias. CRISTINA II (1626-1689), reina de Suecia.

La vida es una tragedia para los que sienten, y una comedia para los que piensan. JEAN DE LA BRUYERE (1645-1696), escritor francés.

La muerte sólo será triste para los que no han pensado en ella. FÉNELON (1651-1715), escritor y teólogo francés.

Parece que nuestra vida aumenta cuando podemos ponerla en la memoria de los demás: es una nueva vida que adquirimos y nos resulta preciosa. MONTESQUIEU (1689-1755), escritor y político francés.

Cuando no se ha sabido vivir, menos aún puede saberse morir. JOSEPH SANIAL-DUBAY (1754-1817), escritor francés.

Es muy dulce ver llegar la muerte mecido por las plegarias de un hijo. JOHANN CHRISTOPH FRIEDRICH VON SCHILLER (1759-1805), poeta y dramaturgo alemán.

Cuanto menos se lleve a cabo, más corta parece la vida. KARL WILHELM VON HUMBOLDT (1767-1835), político prusiano.

A menudo el sepulcro encierra, sin saberlo, dos corazones en un mismo ataúd. ALPHONSE DE LAMARTINE (1790-1869), historiador, político y poeta francés.

El secreto para vivir en paz con todos consiste en el arte de comprender a cada uno según su individualidad. FEDERICO LUIS JAHN (1778-1852), educador alemán.

La muerte es un ensueño sin ensueños. Napoleón Bonaparte (1769-1821), emperador francés.

Cuando no se teme a la muerte, se la hace penetrar en las filas enemigas. Napoleón Bonaparte.

La vida es demasiado corta para dedicarse al ajedrez. Lord Byron (1788-1824), poeta británico.

Jamás mueren en vano los que mueren por una causa grande. Lord Byron.

La vida es fascinante: sólo hay que mirarla a través de las gafas correctas. Alejandro Dumas (1803-1870), escritor francés.

La vida de un amigo es la nuestra, como la verdadera vida de cada uno es la de todos. George Sand (1804-1876), escritora francesa.

A más de uno que dice que la vida es breve le parece el día demasiado largo. Friedrich Hebbel (1813-1863), poeta y dramaturgo alemán.

La vida sólo puede ser comprendida mirando hacia atrás, pero ha de ser vivida mirando hacia adelante. Sören Aabye Kierkegaard (1813-1855), literato y filósofo danés.

La vida es dulce o amarga; es corta o larga. ¿Qué importa? El que la goza la halla corta, y el que la sufre la halla larga. Ramón de Campoamor (1817-1901), poeta español.

La vida es un hospital donde cada enfermo está poseído por el deseo de cambiar de cama. CHARLES BAUDELAIRE (1821-1867), escritor, poeta y crítico francés.

Vivimos mientras nos renovamos. HENRY F. AMIEL (1821-1881), escritor suizo.

La vida consiste en la comprensión de la verdad. LEÓN TOLSTÓI (1828-1910), escritor ruso.

La muerte no es más que un cambio de misión. LEÓN TOLSTÓI.

Si me mezclo en la vida, exagero su importancia; y si me alejo de ella, exagero su insignificancia. JEAN LUCIEN ARRÉAT (1841-1922), escritor y filósofo francés.

Dormía..., dormía y soñaba que la vida no era más que alegría. Me desperté y vi que la vida no era más que servir... y el servir era alegría. RABINDRANATH TAGORE (1861-1941), filósofo y escritor indio.

Estar alerta, he ahí la vida; yacer en la tranquilidad, he ahí la muerte. OSCAR WILDE (1854-1900), dramaturgo y novelista irlandés.

Que un hombre muera por una causa no significa nada en cuanto al valor de la causa. OSCAR WILDE.

Lo menos frecuente en este mundo es vivir. La mayoría de la gente existe, eso es todo. OSCAR WILDE.

A veces podemos pasarnos años sin vivir en absoluto, y de pronto toda nuestra vida se concentra en un solo instante. OSCAR WILDE.

En la vida los bloques de granito se hunden; los corchos siguen flotando. AUGUSTE RENOIR (1841-1919), pintor francés.

¿No es la vida cien veces demasiado breve para aburrirnos? FRIEDRICH NIETZSCHE (1844-1900), filósofo alemán.

Yo no tengo la culpa de que la vida se nutra de la virtud y del pecado, de lo hermoso y de lo feo. BENITO PÉREZ GALDOS (1843-1920), escritor español.

La vida es un negocio en el que no se obtiene una ganancia que no vaya acompañada de una pérdida. ARTURO GRAF (1848-1913), escritor y poeta italiano.

No se puede tener otra tarea en cuanto a la vida que la de conservarla hasta morir. JOHANN AUGUST STRINDBERG (1849-1912), escritor sueco.

Ser lo que somos y convertirnos en lo que somos capaces de ser es la única finalidad de la vida. ROBERT LOUIS STEVENSON (1850-1894), escritor británico.

Alégrate de la vida porque ella te da la oportunidad de amar, de trabajar, de jugar y de mirar a las estrellas. HENRY VAN DYKE (1852-1933), escritor estadounidense.

Como un mar, alrededor de la soleada isla de la vida, la muerte canta noche y día su canción sin fin. RABINDRANATH TAGORE.

Cuando mi voz calle con la muerte, mi corazón te seguirá hablando. RABINDRANATH TAGORE.

La vida es la constante sorpresa de saber que existo. RABINDRANATH TAGORE.

Estar preparado es importante, saber esperar lo es aún más, pero aprovechar el momento adecuado es la clave de la vida. ARTHUR SCHNITZLER (1862-1931), dramaturgo austriaco.

La vida no se ha hecho para comprenderla, sino para vivirla. JORGE SANTAYANA (1863-1952), filósofo y escritor estadounidense.

De nada sirve morir. Hay que hacerlo a tiempo. JULES RENARD (1864-1910), escritor y dramaturgo francés.

Cuanto más vivo, más maravillosa se vuelve la vida. FRANK LLOYD WRIGHT (1867-1959), arquitecto estadounidense.

La vida no merece que uno se preocupe tanto. MARIE CURIE (1867-1934), física francesa.

El nacimiento y la muerte no son dos estados distintos, sino dos aspectos del mismo estado. MAHATMA GANDHI (1869-1948), político y pensador indio.

La muerte no es más que un sueño y un olvido. MAHATMA GANDHI.

Si la muerte no fuera el preludio a otra vida, la vida presente sería una burla cruel. MAHATMA GANDHI.

La vida no es sueño. El más vigoroso tacto espiritual es la necesidad de persistencia en una forma u otra. El anhelo de extenderse en tiempo y en espacio. MIGUEL DE UNAMUNO (1864-1936), filósofo y escritor español.

¿Quién no sabe que en México seguimos al pie de la letra el precepto bíblico de alabar a los muertos? A los vivos los elogiamos cuando pueden darnos algo. AMADO NERVO (1870-1919), poeta, novelista y ensayista mexicano.

Una buena vida es aquella inspirada por el amor y guiada por la inteligencia. BERTRAND RUSSELL (1872-1970), filósofo, matemático y escritor inglés.

En la vida no hay clases para principiantes; enseguida exigen de uno lo más difícil. RAINER MARÍA RILKE (1875-1926), escritor austriaco.

La muerte es algo que no debemos temer porque, mientras somos, la muerte no es y cuando la muerte es, nosotros no somos. ANTONIO MACHADO (1875-1939), poeta y prosista español.

En caso de vida o muerte se debe estar con el más prójimo. ANTONIO MACHADO.

Entre la vida y yo hay un cristal tenue. Por más claramente que vea y comprenda la vida, no puedo tocarla. FERNANDO PESSOA (1888-1935), poeta portugués.

La vida no es significado; la vida es deseo. CHARLES CHAPLIN (1889-1977), actor y director británico.

Todos somos aficionados. La vida es tan corta que no da para más. CHARLES CHAPLIN.

Algo hay tan evidente como la muerte y es la vida. CHARLES CHAPLIN.

La vida, en realidad, es una calle de sentido único. AGATHA CHRISTIE (1891-1976), novelista inglesa.

Hay que darle un sentido a la vida, por el hecho mismo de que carece de sentido. HENRY MILLER (1891-1980), escritor estadounidense.

El que muriera no prueba que hubiese vivido. STANISLAW JERZY LEC (1909-1966), escritor polaco de origen judío.

Como no me he preocupado de nacer, no me preocupo de morir. FEDERICO GARCÍA LORCA (1898-1936), poeta y dramaturgo español.

La muerte es una vida vivida. La vida es una muerte que viene. JORGE LUIS BORGES (1899-1986), escritor argentino.

¿Miedo a la muerte? Uno debe temerle a la vida, no a la muerte. MARLENE DIETRICH (1901-1992), actriz y cantante alemana.

He aprendido que una vida no vale nada, pero también que nada vale una vida. ANDRÉ MALRAUX (1901-1976), novelista y político francés.

Si no muriéramos no apreciaríamos la vida como lo hacemos. JACQUES YVES COUSTEAU (1910-1997), marinero e investigador francés.

En el momento de la muerte, no se nos juzgará por la cantidad de trabajo que hayamos hecho, sino por el peso de amor que hayamos puesto en nuestro trabajo. TERESA DE CALCUTA (1910-1997), misionera albanesa nacionalizada hindú.

La vida es tan corta y el oficio de vivir tan difícil, que cuando uno empieza a aprenderlo, ya hay que morirse. ERNESTO SÁBATO (N.1911) Escritor argentino.

La muerte es una amarga pirueta de la que no guardan recuerdo los muertos, sino los vivos. CAMILO JOSÉ CELA (1916-2002), escritor español.

Nada puede reclamarse cuerdamente a la vida. FERNANDO SAVATER (N.1947), filósofo español.

Los mejores chistes cortos
Samuel Red

Una gran selección de los más pequeños y divertidos chistes.

Como decía Baltasar Gracián... «Lo bueno, si breve, dos veces bueno». En este volumen se encuentra la más completa selección hecha hasta ahora de chistes tan buenos como breves. Fáciles de memorizar, divertidos y sobre multitud de temas, adecuados para cualquier ocasión.

Una amplia gama de recursos humorísticos que, además de hacerle reír, le servirá para animar y enriquecer cualquier tipo de situación comunicativa: discursos, conferencias, reuniones... Nada tan corto ha provocado nunca tanta risa. ¡Garantizado!

SAMUEL RED (Toledo, 1957) es un experto ensayista especializado en temas de ocio y relaciones humanas. Sus jocosas disertaciones sobre el humor en todas sus variantes le han llevado a impartir conferencias y a participar en diferentes medios de comunicación.

Los chistes de celtiberia
Lucio Cañete

Los has visto subidos a un escenario, en un estrado frente a miles de personas, discutiendo a gritos, huyendo de los paparazzi, confesando inconfesables secretos de infancia en horario de máxima audiencia… Pero aún no sabes qué le pasa a Jiménez Losantos por la cabeza en una isla desierta, cómo logró Pocholo entrar en una banda de motoristas o quién dijo «creo que soy un poco ninfómana». Yola Berrocal, Arzallus, De la Vega, los Borbones, la Duquesa de Alba, Ana Obregón y muchos otros famosos salen de las revistas para lanzarse al ojo del huracán y contarte todo lo que no dicen delante de las cámaras; porque la fama cuesta… carcajadas.

LUCIO CAÑETE es licenciado en Filosofía y Letras por la Universidad de Ouagadougou y doctor en Antropología por la de Ulan Bator... Ha dado la vuelta al mundo en bicicleta para documentarse y escribir numerosos ensayos que no se han publicado en ninguna parte. Tras instalarse en Marbella, ha conseguido analizar la realidad social de este país y plasmarla en este divertido libro.